ZDF unsere BESTEN

Die 100 Lieblingsorte der Deutschen

Baedeker
Allianz Reiseführer

Vorwort

Könnten Sie ihn auf Anhieb benennen, Ihren ganz persönlichen Lieblingsort in Deutschland? Das ZDF und der Verlag Karl Baedeker starteten in einer bislang einmaligen Aktion eine große Umfrage, zu welchen Gebäuden, Denkmälern, Naturlandschaften sich die Deutschen in besonderer Weise hingezogen fühlen.

Wir wollten wissen, welche Orte nicht nur zu den offiziellen Aushängeschildern der Nation gehören, sondern auch in den Herzen der Bevölkerung zu finden sind. Haben Wahrzeichen, die allgemein als nationale Heiligtümer angesehen werden, wirklich für alle die gleiche Bedeutung? Mit über 300 000 Stimmen hat unsere Aktion innerhalb von vier Wochen ein überwältigendes Ergebnis erzielt – und so manch liebenswerte Überraschung hat den Kanon des Erwartbaren bereichert.

Viele der gewählten Orte sind über ihre materielle Existenz hinaus zu einem Mythos geworden. Ikonische Orte wie der Kölner Dom oder das Schloss Neuschwanstein prägen unsere Kultur und geben unserem Land auch nach außen sein Gesicht. Während sich die einen für die Kathedralen des UNESCO-Weltkulturerbes entschieden, sahen andere eine Naturlandschaft vor ihrem inneren Auge, wie den Kreidefelsen von Rügen oder den Königssee. Auch zutiefst volkstümliche Highlights wie das Münchner Oktoberfest oder das Westfalenstadion Dortmund fanden ihre Anhänger und wir freuten uns darüber, dass unsere Aktion verschiedenste Nominierungen als nebeneinander gleichberechtigt hervorrief.

Die Begeisterung für die Suche nach den beliebtesten Orten in Deutschland mag verwundern, denn sind doch gerade wir Deutschen für unser Fernweh bekannt, für Italiensehnsucht und Mallorcabegeisterung, für Ayers Rock und Grand Canyon. Deutschland, ein unbekanntes Land? Bei genauer Betrachtung sagen die Fakten das Gegenteil. Deutschland ist mit 78 Millionen Reisen weiterhin das beliebteste Reiseziel der Deutschen, Tendenz steigend. Nicht zuletzt, weil in den neuen Ländern ein »Schönes Neues Deutschland« entstanden ist. Nach 15 Jahren intensiver Denkmalpflege sind gerade ostdeutsche Kulturschätze eine Reise wert, erstrahlen die Altstädte von Wittenberg, Görlitz und Quedlinburg in neuem Glanz.

Orte sind bewusste oder unbewusste Prägungen unserer Vergangenheit. In ihnen verfestigt sich das Gedächtnis einer Nation, denn diese ist undenkbar ohne gemeinsame Plätze und Erinnerungen – ohne Heimat, jenes berühmte Wort, das unsere Sprache vielen anderen voraus hat. Fern aller nostalgischen Verklärtheit und neuer Patriotismusdebatten lässt sich sagen, dass Deutschland ein manchmal schwieriges, aber beileibe kein unmögliches Vaterland ist. Anhand unserer Lieblingsorte können wir viel über unsere Kultur lernen. »Die Deutschen sollen sich gegenseitig ihre Geschichten erzählen«, forderte Richard von Weizsäcker nach der Wiedervereinigung. Auch die gemeinsame Aktion von Baedeker und dem ZDF wird dazu beitragen.

Peter Arens
Leiter der Kultur und Wissenschaft im ZDF

Impressum

Herausgeber: Peter Arens und Alexander Hesse
Chefredaktion: Rainer Eisenschmid
Text: Jochen Müssig
Bildredaktion: Anja Nebel
Textredaktion und Gestaltung: red.sign, Stuttgart

Urheberschaft:
Karl Baedeker Verlag, Ostfildern
Lizensiert durch ZDF Enterprises GmbH, Mainz

Printed in Germany, Neef + Stumme GmbH & Co. KG
ISBN 3-8297-1146-8
978-3-8297-1146-3

Inhalt

Baden-Württemberg

Bayern

Berlin

Brandenburg

Bremen

Hamburg

Die aktuelle Rangliste der 100 Lieblingsorte
unter **www.zdf.de** und **www.baedeker.com**

Hessen

Mecklenburg-Vorpommern

Niedersachsen

Nordrhein-Westfalen

Rheinland-Pfalz

Saarland

Sachsen

Sachsen-Anhalt

Schleswig-Holstein

Thüringen

Baden-Württemberg

Schwaben und Badener können alles – nur (angeblich) net hochdeutsch schwätze. Alles andere beschert höchstes Niveau: Baden-Badens Casino ist weltberühmt, das Heidelberger Schloss ein Muss und die Blumeninsel Mainau sucht ihresgleichen in der Republik.

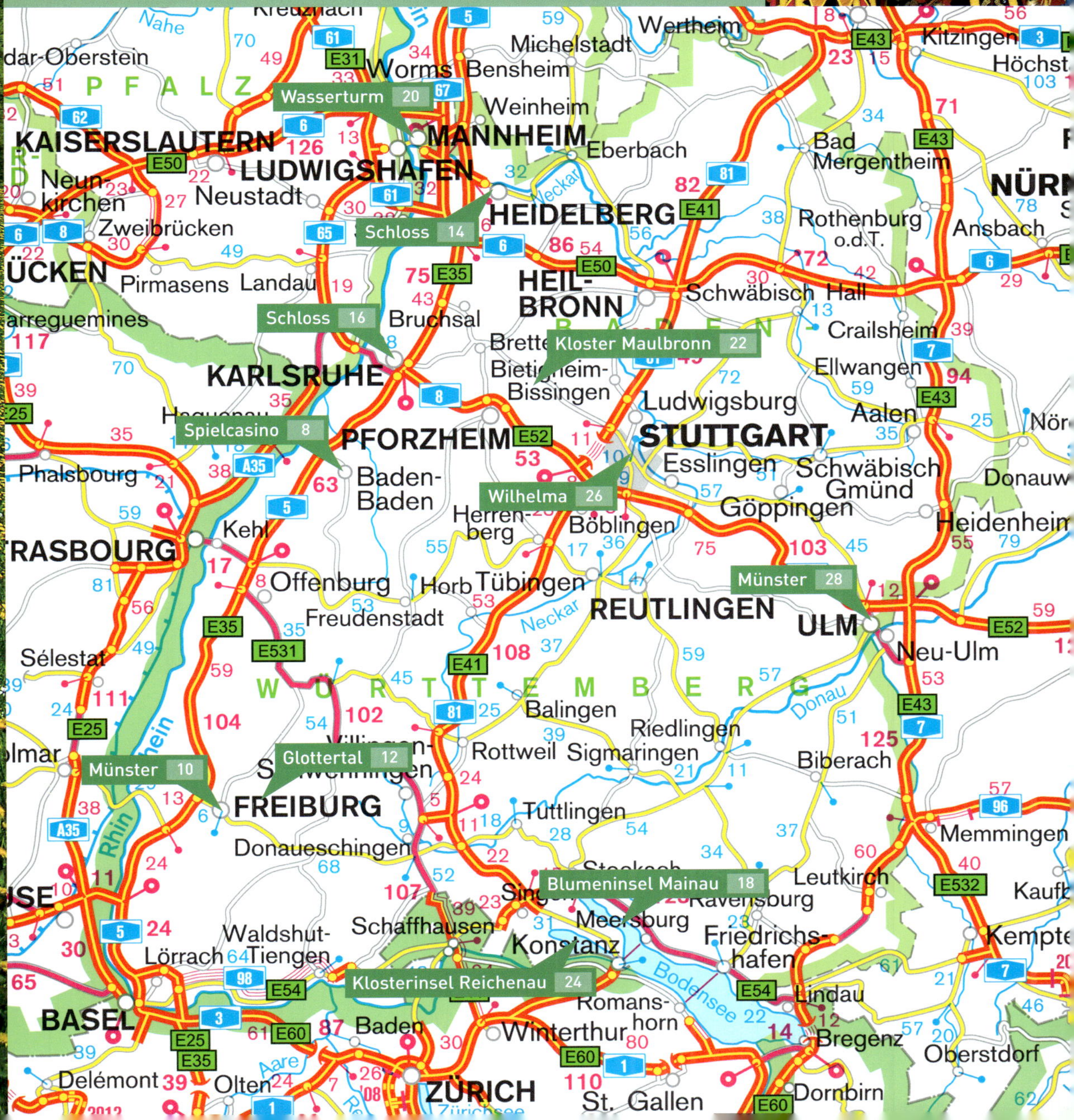

Spielcasino Baden-Baden

Baden-Badens Casino hat eine mehr als 200-jährige Geschichte. Noch heute spürt man das Flair der Belle Époque in den Prunksälen. Marlene Dietrich sagte, sie sei die schönste Spielbank der Welt. Und Fjodor Dostojewski verlor darin sein Vermögen.

»Faites vos jeux!« – ein besseres Klischee für Baden-Baden existiert nicht. Gibt sich das von klassizistischen Bauten geprägte Städtchen doch so elegant wie seine Spielbank: grün wie der Roulettetisch, glamourös wie die Kronleuchter im Florentiner Saal, stilvoll wie die Croupiers.

Seit mehr als 200 Jahren rollt leise die Kugel. 1855 schuf Edouard Bénazet die Prunksäle, die man gar nicht Spielsalons nennen möchte. Dostojewski verlor im Florentiner Saal sein ganzes Vermögen, Tolstoi erging es nur unwesentlich besser.

Im Kurhaus; Bus: alle Linien (Augustaplatz); tgl. 14.00 – 2.00, Fr. und Sa. bis 3.00 Uhr; Eintritt: 3 Euro; www.casino-baden-baden.de

Kaiser, Könige und Künstler, Maharadschas, Mogule und Mätressen, Prinzen, Potentaten und Prälaten: Geld und Macht fanden sich im Casino. Sie flanierten, kutschierten, dinierten und sie zockten in Baden-Baden, der Stadt, die zu einem Must der gehobenen Gesellschaft wurde – von der Zeit der Reiseromantik des 19. Jahrhunderts über die Belle Époque bis heute. Wen wundert es da, dass erst 1989 das »verruchte« Pokerspiel Einzug gehalten hat?

350 000 Gäste zählt die größte und älteste Spielbank Deutschlands jährlich. So bescheiden ihr Entree innerhalb des Kurhauses, so bezaubernd wirkt das Spielerparadies mit seinem Innenleben. Der Wintergarten ist in weißem Marmor gehalten. Der Rote Saal, dessen Wände mit roter Seide bespannt sind, hat sein Vorbild im Barockschloss von Versailles. Der Florentiner Saal, auch Saal der tausend Kerzen genannt, diente früher auch als Ballsaal, wobei das Orchester in einer Muschel spielte, die von der Decke herabschwebte. Im Amerikanischen Saal finden allerlei Events statt, im ehemaligen »Club Bénazet« wird Karten gespielt, u. a. Poker – in verschiedenen Versionen und auf hohem Niveau.

Mit zwei Euro Mindesteinsatz geht es los an den 18 Tischen und obgleich doch alles so ruhig abläuft, hängt jeden Abend eine knisternde Spannung in den Sälen. Beim Roulette, Black Jack oder Baccara freut man sich über zehn Euro Gewinn, ärgert sich nach 20 Euro Verlust. Und manchmal hängt beim Großen Spiel am Gewinn oder Verlust auch noch die eine oder andere Null dran …

Abend für Abend zieht der Traum vom schnellen Geld die Menschen ins Casino – zum Beispiel in den ganz auf Renaissance getrimmten Florentiner Saal.

Seit zwei Jahrhunderten lockt das mondäne Baden-Baden gut betuchtes Publikum an. Und das trifft sich in der Spielbank im Kurhaus.

Tipp

Spielen ist Nervenkitzel pur. Aber man muss vorsichtig sein … Neulinge sollten zunächst den Spielerklärungen lauschen, die jeden Tag vor Spielbetrieb für jedes Spiel angeboten werden. Dann ein Limit setzen und auch nicht mehr Geld mitnehmen. Beim Roulette am besten mit den einfachen Chancen und dem Risiko 50:50 beginnen, also auf schwarz oder rot, gerade oder ungerade setzen. Der Drang auf Zahl zu gehen – bei einer Chance von 1:35 –, kommt früh genug. Der Mindesteinsatz beträgt zwei Euro.

Das Entree zu den Prunksälen des Casinos bildet der Wintergarten, in den das Tageslicht durch eine Kuppel einfällt.

Freiburger Münster

Bächle, Gässle, Feschtle: In Freiburg macht man durchs »le« die Dinge klein, nicht aber das Münster mit dem 116 Meter hohen Turm. Er blieb wie durch Wunder rund 700 Jahre fast unversehrt und bekam den Beinamen »der schönste der Christenheit«.

Jeden Tag besuchen bis zu 1500 Personen das Münster Unserer Lieben Frau in Freiburg im Breisgau – rund eine halbe Millionen Menschen jährlich, die sich der Faszination dieses mittelalterlichen Gotteshauses hingeben. Bereits nach rund 130 Jahren Arbeit war der 116 Meter hohe Turm um 1330 vollendet. 1220, als die Formen der französischen Gotik das andere Rheinufer erreichten, änderten sich die Baupläne jedoch entscheidend. Das Langhaus wurde deutlich erhöht, die Seitenschiffe wurden beträchtlich verbreitert.

Münsterplatz; Stadtbahn 1, 4, 5, 6 (Bertholdsbrunnen); Mo. bis Sa. von 10.00 – 17.00, an Sonn- und Feiertagen 13.00 – 19.30 Uhr (nicht bei Gottesdiensten); Turmbesteigung 1,50 Euro; www.dompfarrei-freiburg.de

Der beim Bau verwendete Sandstein erwies sich als wenig witterungsbeständig. Häufig rissen Blitzeinschläge Teile des Turmes herunter. Auch Beschießungen der Stadt richteten seit dem Dreißigjährigen Krieg immer wieder schwere Schäden an. 1863 sollte das Münster abgerissen werden und 1944, beim Bombenangriff auf Freiburg, blieb die Grundbausubstanz mit dem Turm nur wie durch ein Wunder erhalten.

Zunächst stiftete Berthold V. von Zähringen den Münsterbau. Doch es traten finanzielle Engpässe auf, sodass sich die Freiburger Bürger 1368 mit einer hohen Einmalzahlung von der Herrschaft der Grafen loskauften, sich anschließend dem Hause Habsburg unterstellten und den Münsterbau selbst bezahlten. Erst seit 1827 ist das Münster die Stadtkirche von Freiburg und Bischofssitz.

Bei näherem Blick auf die Außenfassaden fallen die reichhaltigen Ausschmückungen wie etwa die Wasserspeier und die vielen steinernen Figuren der Apostel, Könige, Grafen und Heiligen auf. Der Turm wird ungefähr auf seiner Mitte von der zwölfeckigen Sterngalerie umgeben. Oberhalb setzt er sich als Achteck fort, auf dem die Besucherplattform liegt. Im Turm hängen 16 Glocken. Die älteste ist die »Hosanna« von 1258 mit einem Gewicht von 3,3 Tonnen – in dieser Größe eine echte Rarität.

Das Innere des Münsters sollte man möglichst an einem sonnigen Tag um die Mittagszeit besuchen, wenn das Licht durch die bunten Glasfenster der Südseite in das hohe Kirchenschiff mit dem Hochaltar von Hans Baldung Grien und auf die Orgel fällt, die eine der größten der Welt ist.

Der Turm des Freiburger Münsters im Abendlicht. Für den Kunsthistoriker Jacob Burckhardt war er »der schönste Turm der Christenheit«.

Ein gotisches Meisterwerk aus Buntsandstein – das Freiburger Münster.

Ein Farbenmeer: Blick vom Turm des Münsters auf den Samstagsmarkt.

Durchs filigrane Maßwerk der Fenster im Hochchor fällt das Licht auf den Hochaltar.

Tipp

»Zum Roten Bären« Wer in Freiburg gut nächtigen oder speisen möchte, sollte sich in Richtung obere Altstadt orientieren. Hinter der Adresse Oberlinden 12 verbirgt sich das älteste Gasthaus Deutschlands: »Zum Roten Bären«. Verbrieft seit 1120, werden dort die Fremden in der Stadt verköstigt und untergebracht. Den heutigen Gast erwarten eine gute traditionell alemannische Küche, badische Weine und Zimmer der guten Mittelklasse (Doppelzimmer ab 135 Euro, www.roter-baeren.de).

Glottertal im Schwarzwald

Wo zum Kuckuck sind die Klischees im Schwarzwald geblieben? Topmoderne Museen und kulinarische Tempel geraten in die Schlagzeilen. Gut, dass es noch Glottertal gibt, wo einst Professor Brinkmann den deutschen TV-Tourismus initiierte.

Wer Glottertal sagt, ruft automatisch eine Fernsehserie um Herz, Schmerz und weiße Kittel zurück ins Gedächtnis: Hans Jürgen Wussows alias Professor Klaus Brinkmanns »Schwarzwaldklinik«, die zwischen 1984 und 1989 für Traumquoten mit bis zu 28 Millionen Zuschauern und für Marktanteile von 80 Prozent sorgte. Was dazu führte, dass die 30 Quadratkilometer große Gemeinde an der Glotter im Landkreis Breisgau-Hochschwarzwald mit ihren 3000 Einwohnern, die auf durchschnittlich 421 Metern über dem Meeresspiegel leben, im Wortsinn heimgesucht wurden. Die Doktor-

Ca. 10 km östlich von Freiburg; vom dortigen Hbf Zug nach Denzlingen, dann Bus 7205; per Auto: A 5, Ausfahrt 61. Die »Schwarzwaldklinik« ist eine echte Klinik, die nur von außen besichtigt werden kann. www.glottertal.de

serie wurde zum Vorreiter des Fernsehtourismus in Deutschland, eine Art Mekka von Teleserienguckern, die einmal dort sein wollten, wo die Stars und Sternchen auftraten ... In diesem Fall, sich vor malerischer Schwarzwaldkulisse die Kurklinik der Landesversicherungsanstalt anschauen, denn sie war der Drehort, an dem Professor Brinkmann mit heilender Hand wirkte, obgleich auch der Kurbetrieb stets weiterlief. Zwar wurden alle Innenaufnahmen in Hamburger Studios gedreht, doch das änderte nichts daran, dass das LVA-Heim in dieser Zeit 200 000 Besucher pro Jahr live erleben wollten. Erst in den 1990er-Jahren ließ der Ansturm der Teletouristen nach. Heute ist die Tele- eine Rehaklinik für Familienrehabilitation.

Im Jahr 1112 wurde Glottertal erstmals erwähnt. Von Beginn des 15. bis Anfang des 19. Jahrhunderts stand es unter vorderösterreichischer Herrschaft, ehe der Ort nach den Napoleonischen Kriegen dem Großherzogtum Baden zugeschlagen wurde. Im Medienzeitalter des späten 20. Jahrhunderts wurde Glottertal dann 73 Folgen lang zu Professor Brinkmanns Reich.

Was nur wenige wissen: Seit dem 15. Jahrhundert wird im Glottertal auch Wein angebaut. Die Glottertäler Weinberge gelten mit einer Höhe von bis zu 500 Metern als die steilsten und höchst gelegenen in Deutschland. Die Hangneigung von 70 Grad ermöglicht eine optimale Sonneneinstrahlung, deshalb müssen jedoch 90 Prozent der knapp 60 Hektar großen Anbaufläche von Hand bearbeitet werden.

Als »Schwarzwaldklinik« machte dieses Gebäude das Glottertal bekannt – tatsächlich handelt es sich um eine Kurklinik der Landesversicherungsanstalt.

Auch ohne »Schwarzwaldklinik« ist das Glottertal eine Reise wert – hier lässt sich die Natur mit der ganzen Familie genießen.

Tipp

»Schwarzwaldklinik«-Fans sollten mobil sein, wenn sie auf den Spuren von Professor Brinkmann wandeln wollen. Die ersten TV-Touristen waren ganz erstaunt, als sie vor Ort feststellen mussten, dass sich zum Beispiel der immer wieder gezeigte Titisee nicht in unmittelbarer Nähe der Klinik befindet, sondern 35 km weiter östlich. Das TV-Wohnhaus der Brinkmanns liegt sogar 60 km entfernt in Grafenhausen.

Die Tradition wird in Ehren gehalten – Glottertäler Kinder in Trachtkleidung.

Idyllisch liegt die Gemeinde Glottertal in den Ausläufern des Schwarzwalds unweit der Rheinebene.

Heidelberger Schloss

Es liegt so malerisch wie kaum ein anderes Schloss. Es fehlt auf kaum einer Rundreise von Amerikanern oder Japanern. Und es verbindet fürstlichen Charme mit historischer Patina: das Heidelberger Schloss über dem Neckar.

Goethe kam, die Romantiker des 19. Jahrhunderts, von Brentano über Hölderlin bis Jean Paul, und aus Übersee Mark Twain: Jeder wollte das Schloss in Heidelberg bewundern, beschreiben, besingen. Die heutige Ruine, dessen Fundamente bis ins Mittelalter reichen, gehört nach Umfang, Lage und Schönheit zu den großartigsten in Deutschland und zieht auch im 21. Jahrhundert noch jährlich knapp eine Million Menschen aus aller Welt in ihren Bann.

Aus rotem Neckarsandstein in drei Bauperioden ab 1398 errichtet, thront das Schloss

Über der Altstadt; Bergbahn (Schloss); tgl. 9.30 – 18.00 (März – Nov.), 10.00 – 17.00 Uhr (Dez. – Feb.). Eintritt: 3 Euro; www.schloessermagazin.de

über Stadt und Fluss auf 194 Meter Höhe am bewaldeten Nordhang des 568 Meter hohen Königstuhls. Es ist eines der besten Beispiele deutscher Renaissance-Architektur und wurde besonders von den drei Kurfürsten Otto Heinrich (1556 – 1559), Friedrich IV. (1583 – 1610) und Friedrich V. (1610 – 1620) als glanzvolle Residenz genutzt. Seit der Zerstörung durch die Franzosen in den Jahren 1689 und 1693 ist es Ruine.

Dennoch lebt das Schloss: In dessen Hof finden im Sommer Festspiele und in der Kapelle Trauungen statt. Im Untergeschoss des grandiosen Ottheinrichsbaus ist das Deutsche Apothekenmuseum untergebracht. Und im Fassbau liegt das berühmte Heidelberger Fass, in dem unterschiedliche Weine als Steuerabgaben der Untertanen willkürlich vermengt wurden. Das größte Holzfass der Welt wurde 1751 gebaut, ist neun Meter lang, acht Meter hoch und fasst unglaubliche 221 726 Liter.

Am besten macht man die Schlossführung mit einem Audioführer. Tempo und Verlauf des Rundganges bestimmt dabei der Besucher. Per Knopfdruck taucht er ein in die bewegte Geschichte und lässt sich von Anekdoten amüsieren: etwa vom kleinen Säufer Perkeo, dem Hofnarren des Schlosses. Zu den Höhepunkten zählen der Gläserne Saalbau, die Standbilder der kurpfälzischen Fürsten sowie der Frauenzimmerbau mit dem Königssaal.

Die beste Aussicht auf die Stadt bieten der Altan und die große Terrasse. Den besten Blick in umgekehrter Richtung, also auf das Schloss, hat man von der Theodor-Heuss-Brücke und vom wunderschönen Philosophenweg.

Tipp

Schlossbesichtigung und Museumsbesuch? Für Kinder klingt das nicht gerade verlockend. Die Alternative: das Harry-Potter-Programm im Deutschen Apothekenmuseum im Schloss. Dabei geht es um Heil- und Zaubermittel aus vergangenen Zeiten und aus den Büchern des Zauberschülers Harry Potter. Magisches Wissen und die alchimistische Geheimsprache werden vermittelt, über Einhörner, Drachenblut und Alchimisten wird berichtet. Und nach zwei Stunden gibt's zum Schluss noch einen Abwehrzaubertee.

Der Friedrichsbau ist das einzige Gebäude in der Schlossanlage, das nach der Zerstörung wiederaufgebaut wurde. Im Bild ein von Skulpturen gesäumter Flur.

Der klassische Blick auf Heidelberg mit seiner Alten Brücke und dem Schloss.

Der Ottheinrichsbau gilt als Musterbeispiel deutscher Renaissancebaukunst.

Detailreich präsentiert sich die Fassade des Friedrichsbaus.

Karlsruher Schloss

Der Karlsruher Fächer ist städtebaulich einzigartig in Europa und diente als Vorbild für Washington D. C.: Vom Schloss gehen strahlenförmig die Straßen ab. Deshalb ist es auch der Mittelpunkt der Stadt, die erst 1715 von Markgraf Karl Wilhelm gegründet wurde.

Es war einmal ... So beginnen Märchen, Sagen – und manchmal auch Träume. Etwa der Traum vom Markgrafen: Der lebensfrohe Karl Wilhelm war mit der sittenstrengen Magdalena Wilhelmine verheiratet. Ab und an entfloh er in den Hardtwald zum Ruhen und Träumen – so entstand die Bezeichnung Karls-Ruhe ... Der Markgraf soll von einer Stadt mit sternförmigem Grundriss geträumt haben, in deren Mittelpunkt sein Schloss stehen würde. Und tatsächlich ist der Bau des Schlosses sehr eng mit der Stadtgründung von 1715 durch Karl Wilhelm verknüpft.

Schlossplatz; alle Stadtbahn- und Straßenbahnlinien (Marktplatz); Badisches Landesmuseum Di. – Do. 10.00 – 17.00, Fr. – So. bis 18.00 Uhr; Eintritt: 4 Euro, Fr. ab 14.00 Uhr kostenfrei; www.karlsruhe.de

Die Anlage ist klar strukturiert: Wie Sonnenstrahlen weisen 32 Straßen und Wege vom Schloss aus in die Stadt. Gleichzeitig führt um das Schloss herum ein Zirkel, der in Teilen bis heute die Straße Am Zirkel ist.

Zusammen kommt ein absolutistischer Stadtgrundriss heraus: In der Mitte steht das Herrscherschloss, von dem aus der Regent sein Land überblickt. Die Struktur ist einmalig in Europa. 1788 kam der spätere US-Präsident Thomas Jefferson nach Karlsruhe: Er entwarf nach diesem Vorbild die neue Hauptstadt Washington.

Das dreiflügelige Schloss wurde 1752 bis 1755 erbaut, doch erst 1885 fand der Thronsaal seinen endgültigen Platz im Ostflügel zum Garten hin. Im Schlossgarten im französischen Barockstil sind viele seltene Bäume sowie Plastiken, Denkmäler und Brunnen aus verschiedenen Epochen zu sehen, den ungehinderten Blick auf das Schloss gewährt die zentrale Fläche des Schlossplatzes. Nach der Abdankung von Großherzog Friedrich II. wurde das Schloss 1919 zum Badischen Landesmuseum, in dem bis heute Sammlungen zur Vor- und Frühgeschichte sowie Kunst, Kultur- und Landesgeschichte vom Mittelalter bis zur Gegenwart ausgestellt sind.

Der Stadtgründer Karl Wilhelm liegt übrigens auf dem Marktplatz unter einer Pyramide begraben. Wie der Stadtgrundriss ist auch die Pyramide als Grabmal im Zentrum einer Stadt einmalig in Europa, zumal der Markgraf ohne Herz beigesetzt liegt. Das soll in der Schlosskirche Pforzheim ruhen, wo die Markgrafen üblicherweise bestattet wurden.

200 Jahre lang diente das Karlsruher Schloss als Regierungssitz des badischen Herrscherhauses. Hier eine Frontansicht.

Der Botanische Garten beim Schloss gilt als die »Grüne Oase der Stadt«.

Blick auf eine Seitenfassade des Schlosses – mit Freizeitradlern.

Tipp

Stadt der Erfinder Karlsruhe ist die Stadt der Erfinder: Freiherr von Drais schuf die Draisine, den Vorgänger des Fahrrads. Carl Benz entwickelte das erste Automobil. Im All schwebt Mipas, das Herzstück des Umweltbeobachtungssatelliten Envisat – made in Karlsruhe. Und das sehenswerte Zentrum für Kunst- und Medientechnologie war 1997 das erste interaktive Museum der Welt und ist bis heute das moderne Highlight der 280 000-Einwohner-Stadt (www.zkm.de).

Blumeninsel Mainau

Besiedelungen auf der Insel Mainau reichen bis 3000 vor Christus zurück. Doch erst der Anbau seltener Pflanzen durch Fürst Nikolaus Esterházy setzte den Grundstock für die Mainau, wie man sie heute kennt: als subtropisch wirkende Insel im Bodensee.

Das milde Mikroklima macht es möglich, dass die Mainau als in Deutschland unvergleichliche Blumeninsel gilt: 1,2 Millionen Blüten werden im Frühling gezählt, 1200 einzelne Orchideen und 1200 Rosenarten sind ebenso zu sehen wie Palmen, Bananenstauden und Riesenbäume. Die Mainau ist mit zwei Millionen Besuchern jährlich der Touristenmagnet des Bodensees.

Auf Fürst Nikolaus Esterházy, der die Insel 1827 kaufte, folgt mit Großherzog Friedrich I. ein weiterer Pflanzenliebhaber. Danach wechseln sich die Besitzer aus verschiede-

Bodensee (Überlinger See); erreichbar mit allen Bodensee-Schiffslinien und vom Konstanzer Bahnhof mit Bus 4 (Insel Mainau); tgl. von 7.00 Uhr bis Sonnenuntergang. Eintritt: 11,90 Euro; www.mainau.de

Beim Rundgang sollte man folgende Stationen auf keinen Fall verpassen: Die Brunnenarena vermittelt mit der prächtig bepflanzten Terrassenlandschaft mediterranes Flair. Die italienische Blumen-Wassertreppe zeigt sich ganz im Stil eines italienischen Renaissancegartens – im Frühjahr und Sommer werden die Granitstufen zu einzigartigen Blütenbildern. Die Rosenanlage verzückt sogar Pflanzenmuffel: Mehr als 20 000 Rosen versprühen Duft, Schönheit und Eleganz. Ins Reich der Sinne entführt auch der Duftgarten mit mehr als 150 verschiedenen Duftpflanzen. Auch der Kräutergarten mit seinem reichhaltigen Sortiment an Heil- und Gewürzkräutern lohnt einen Abstecher. Im Arboretum spenden riesige Mammut- und Tulpenbäume, Atlas- und Libanonzedern Schatten. Den Schmetterlingsgarten suchen die Liebhaber der zarten Schönen auf und für Kinder dürfte der Streichelzoo der interessanteste Platz sein. Der Garten für alle schließlich, ein herrlicher Park zum Verweilen, wurde auf Anregung von Gräfin Sonja Bernadotte anlässlich des 80. Geburtstags ihres Vaters geschaffen.

Die Mainau – das ist die Insel der Blumen, die mit ihrer Pracht die Besucher verzücken. Mit einer Flut von Tulpen beginnt das Blumenjahr – auch beim Turmhäuschen (oben).

nen Adelshäusern ab. 1932 übernimmt Prinz Lennart Be-nadotte die Mainau; Tochter Gräfin Sonja Bernadotte leitet seit 2001 die Geschäfte im ersten ökologisch ausgerichteten Botanischen Garten Europas.

Tipp

Open-Air-Kino Auf keinen Fall sollte man die Sommer-Open-Air-Kinotage verpassen: Der Schlossgarten schafft eine einzigartige Atmosphäre, um auch cineastischen Genuss von der Mainau mitzunehmen. Und: Ab 16.00 Uhr gilt auf der Blumeninsel der halbe Eintrittspreis, ab 19.00 Uhr sogar freier Eintritt, was sich besonders im Sommer lohnt, da der Park erst zum Sonnenuntergang geschlossen wird.

Blick vom Ufer auf die Blumeninsel und auf Schloss Mainau.

Mannheimer Wasserturm

Mannheims Zentrum ist schachbrettartig in heute 144 Quadraten angelegt. Es gibt keine Straßennamen, weshalb man als Adresse ein Planquadrat angibt. Eine Möglichkeit, in die quadratische Stadt zu kommen, führt über den Friedrichsplatz mit dem Mannheimer Wahrzeichen, dem Wasserturm.

Das Runde muss ins Eckige, sagen die Kicker draußen in Waldhof. Der Runde blickt aufs Eckige, heißt es am Friedrichsplatz in der Oststadt: Dort wacht der Wasserturm über die quadratische Stadt. Der 1886 fertig gestellte Wasserturm ist nicht nur das Wahrzeichen Mannheims, sondern auch einer der schönsten europäischen Jugendstilbauten.

Wasser spielte für die Menschen immer die größte Rolle. Auch in der flachen Rheinebene, wo heute am Zusammenfluss von Rhein und Neckar der zweitwichtigste europäische

Friedrichsplatz; Stadtbahn: Linien 2, 3, 6, 7 (Wasserturm); Wasserspielbeleuchtung jeden Abend mit Einbruch der Dunkelheit; www.mannheim.de

Binnenhafen nach Duisburg angesiedelt ist. Der Wasserturm diente als Vorratsspeicher für Trinkwasser und sorgt, weil er an der höchsten Stelle des Friedrichsplatzes steht, für einen konstanten Wasserdruck im Versorgungsnetz der Stadt. Gebaut – in römischer Monumentalform – nach den Plänen des Architekten Gustav Halmhuber, konnten in dem 60 Meter hohen Turm aus gelbem Sandstein bis zu 2000 Kubikmeter Wasser aufgestaut werden. Seit 1987 steht er unter Denkmalschutz und seit 2000 ist er von seinen ursprünglichen Aufgaben entbunden.

Das Dach des Wasserturms ziert die 3,50 Meter hohe Amphitrite, die Gattin des Meeresgottes Poseidon. Bronzegruppen von Nixen schmücken das kleine, steinerne Zentaurengruppen das große Wasserbecken. Eingerahmt wird das Ensemble durch die Kunsthalle im Süden, in dem Gemälde und Plastiken des 19. und 20. Jahrhunderts zu sehen sind, und das Jugendstilgebäude Rosengarten, in dem Kongresse und Veranstaltungen stattfinden. Zusammen mit den halbrunden Arkadenbauten gilt die Anlage als die größte zusammenhängende des deutschen Jugendstils.

Im Sommer ist der Wasserturm ein beliebter Treffpunkt. Ab Einbruch der Dunkelheit werden die Wasserspiele eine Stunde lang hell erleuchtet.

Der hoch aufragende Wasserturm gilt als eine der markantesten Jugendstilanlagen Deutschlands.

Zum Jugendstilensemble am Friedrichsplatz gehört der Rosengarten – in abendlicher Beleuchtung mit besonderem Charme.

Tipp

Die größte Moschee Deutschlands steht im Mannheimer Stadtteil Jungbusch am Luisenring 28. Sie wurde vom Islamischen Bund Mannheim mit einem Kostenaufwand von fünf Millionen Euro erbaut. Im März 1995 öffneten sich nach knapp zweijähriger Bauzeit erstmals die Pforten für die Gläubigen. Die Moschee bietet etwa 2500 Gebetsplätze sowie einen schönen rituellen Waschraum und Springbrunnen. Allein in Mannheim leben ungefähr 20 000 Muslime (Führungen unter Tel. 0621/105990).

Kloster Maulbronn

Die schönste aller erhaltenen Klosteranlagen in Deutschland zeigt bis heute ihr unverwechselbares, mittelalterliches Gesicht: Die ehemalige Zisterzienserabtei Kloster Maulbronn ist zurecht ein UNESCO-Weltkulturerbe der Menschheit.

Manchmal, wenn ein Großkonzern eine besondere Location für eine Präsentation sucht, kommen auf die groben Holztische der Zisterzienserabtei auch die feinen Speisen von großen Köchen. Allerdings ohne Reminiszenz ans Mittelalter, was schade ist, bauten doch die Mönche auf dem Klosterhügel ihr Obst und Gemüse schon selbst an. Sie zogen zudem in eigens angelegten Seen Fische und die Reben an den Hängen füllten ihren Weinkeller.

Streng genommen ist Maulbronn nicht nur ein Kloster, sondern eine Klosterstadt. Sie

Ca.15 km nördlich von Pforzheim; Bus: 734 ab Pforzheim; tgl. 9.00 – 17.30 (März – Okt.), 9.30 – 17.00 Uhr (Nov. – Feb.); Eintritt: 4,50 Euro; www.schloesser-und-gaerten.de

Der Kreuzgang – hier mit Blick in die Brunnenkapelle – ist eine wunderbare Schöpfung der Hochgotik.

wurde 1147 gegründet, gehört seit 1993 zum Weltkulturerbe und wird seitdem von 300 000 Touristen jährlich besucht. Keine Anlage ist vollständiger in Deutschland, keine nördlich der Alpen schöner – vom Keller bis zur Kirchturmspitze. Es ist eine harmonische Siedlung mit vielen Glanzlichtern: Innerhalb der noch heute sehr gut erhaltenen und mit Türmen bestückten Mauern zeigen sich Fachwerkbauten, die als Wohn- und Wirtschaftseinrichtungen dienten. Und natürlich die der Gottesmutter Maria 1178 geweihte dreischiffige Kirche mit dem aus Eichenholz gefertigten Chor, seinem reichlich verzierten Gestühl und der hochgotischen Madonna von 1300 sowie der Brunnen im achteckigen Vorhof zum Klostergarten. Besondere Beachtung verdient die in einem Übergangsstil zwischen Romanik und Gotik im 13. Jahrhundert erbaute Vorhalle namens »Paradies«, die sich mit Doppelbögen zum Wirtschaftshof öffnet.

Kunstvolle Ornamente zieren diesen Gewölbeschlussstein.

Auch nach der Reformation und der Umwandlung in eine Klosterschule behielt Maulbronn seine Reputation. Die Schule wurde 1556 eröffnet. Berühmtester Schüler des evangelischen Seminars dürfte von 1586 bis 1589 der Astronom Johannes Kepler gewesen sein. Nach ihm drückten vor allem bekannte Dichter die dortigen Schulbänke, unter anderem Caroline Schelling, Friedrich Hölderlin und Hermann Hesse.

Tipp

Musica sacra Liebhaber geistlicher Musik schätzen die Maulbronner Klosterkonzerte. In der unvergleichlichen Atmosphäre des mittelalterlichen Klosters führen jährlich von Mai bis September etablierte und aufstrebende Solisten und Ensembles Oratorien, Orgel-, Chor- und Kammermusik auf (www.klosterkonzerte.de)

Gesamtansicht der Klosteranlage. Im Kloster sind alle Stilrichtungen und Entwicklungsstufen von der Romanik bis zur Spätgotik vertreten.

Klosterinsel Reichenau

Die frühere Klosterinsel im Bodensee gehört zu den Weltkulturerbestätten der Unesco-Liste. Seit mehr als 150 Jahren ist sie durch einen von einer prachtvollen Pappelallee gesäumten Damm, der Teil der Deutschen Alleenstraße ist, mit dem Festland verbunden.

Wenn die Mainau die Schöne auf dem Laufsteg gibt, dann ist die Reichenau die hübsche Natürliche des Alltags. Für eine kurze Zeit beherrschte die heute etwas unscheinbare Reichenau sogar die herausgeputzte Mainau: 724 kam sie unter die Verwaltung des neu gegründeten Klosters Reichenau im Untersee.

In jedem Fall könnten die beiden Inseln im Schwäbischen Meer unterschiedlicher kaum sein. Auf der Reichenau, der größten der drei Bodensee-Inseln, herrscht eine ländliche Idylle. Das Leben geht geruhsam von-

Im Bodensee (Untersee); Bodensee-Schifffahrt und vom Hbf Konstanz mit den Bussen 2, 6, 13 (Wollmatingen), dort weiter mit Bus 7372 (Bahnhof Reichenau); Saison ist von Ostern bis Oktober; www.reichenau.de

eines großen Benediktinerklosters im Mittelalter. Denn die Reichenau war im 10. und 11. Jahrhundert als künstlerisches Zentrum von großer Bedeutung für die Kulturgeschichte Europas.

724 gründete Wanderbischof Pirmin das Kloster, das sich bald und bis ins 11. Jahrhundert hinein zu einem geistigen Zentrum des Abendlandes entwickelte, da Lehrer von Rang – Theologen, Politiker, Wissenschaftler, Dichter und Musiker – hier unterrichteten. Erst im ausgehenden Mittelalter verlor das Kloster an Bedeutung, ehe es 1757 durch Papst Benedikt XIV. aufgehoben wurde. Die letzten zwölf Mönche wurden unter dem Einfluss der Säkularisation 1803 von der Reichenau vertrieben.

Jede der drei Kirchen hat ihre Eigenheiten: Die 896 geweihte und kaum veränderte romanische St. Georg zeigt Fresken, welche die einfache Welt der Mönche zu dieser Zeit anschaulich darstellen; St. Maria und Markus ist die schlichte Klosterkirche von 816 und die zweitürmige St. Peter und Paul besticht durch ein herrliches Wandbild.

Wer nicht mit dem Schiff kommt, erreicht die Insel über einen Damm mit breitem Fahrradweg.

St. Georg in Oberzell ist ein echtes Juwel der Romanik.

Tipp

Feierlich Die große Vergangenheit der Reichenau lebt an den drei Inselfeiertagen auf: Beim Markusfest (am 25. April), Heilig-Blut-Fest (am Montag nach dem Dreifaltigkeitssonntag) und an Mariä Himmelfahrt (15. August) werden Reliquienschreine in einer Prozession über die Insel getragen, begleitet von der historischen Bürgerwehr. Aber auch die weltlichen Wein- und Fischerfeste, immer am ersten Wochenende im August, sind einen Besuch wert.

Auch das Marienmünster in Mittelzell atmet den Geist der Romanik.

statten, als wolle man die Schönheit der Natur, die zahlreichen Bepflanzungen und Gärten sowie das meist sichtbare Seeufer auch wirklich in jedem Augenblick würdigen. Dabei werden auf 240 Hektar Nutzfläche auch noch rund 20 000 Tonnen Gemüse pro Jahr geerntet.

Von der Unesco wurde das Eiland jedoch aus einem anderen Grund zum Weltkulturerbe der Menschheit erklärt. Drei einzigartige Kirchen sorgten für die beschützende Auszeichnung. Sie geben noch heute Zeugnis von der religiösen und kulturellen Rolle

Wilhelma Stuttgart

Der größte zoologisch-botanische Garten Europas ist mehr als ein Park mit exotischen Pflanzen und Tieren aus allen Klimazonen der Erde. Die Wilhelma in Stuttgart wirkt authentisch, gewachsen und gibt sich auch als ein perfekter Erholungsort.

Mercedes und Porsche, Ballett und – die Wilhelma: Gäbe es ein Erkennungsquartett für deutsche Großstädte, der Zoo wäre als Repräsentant für Stuttgart garantiert dabei. Wobei Zoo nicht ganz korrekt ist. Die Stuttgarter Wilhelma ist der einzige zoologische und botanische Garten Deutschlands, der neben rund 10 000 Tieren auch etwa 6000 verschiedene Pflanzenarten zeigt, dazu maurische Bauten und den Maurischen Garten, einen der malerischsten Plätze der Landeshauptstadt. Diese Konstellation gibt der Anlage am Hang des Neckartals ein unverwechselbares Flair.

Bad Cannstatt; U 14 (Wilhelma), Bus 52, 55, 56 (Rosensteinbrücke); tgl. 8.15 – 18.00 (Mai – Aug.) bzw. bis 17.30 (Apr. und Sep.), 17.00 (März und Okt.), 16.00 Uhr (Nov. – Feb.); Eintritt: 10,80 Euro; www.wilhelma.de

Der Park wurde um 1850 von Karl-Ludwig von Zanth im Auftrag von König Wilhelm I. von Württemberg als Gartenanlage mit Wohngebäuden und Ziergewächshäusern im maurischen Stil erbaut. 1949, nach der kriegsbedingten Zerstörung, wurde die Anlage zu einem zoologisch-botanischen Garten ausgebaut. Heute ist die Wilhelma mit knapp tausend Arten einer der artenreichsten Zoos Deutschlands. Die Menschenaffenhaltung genießt Weltruhm: Alle vier Arten leben in Familiengruppen mit reichlich Nachwuchs.

Die Wilhelma gliedert sich grob in folgende Bereiche: afrikanische Tiere, Tiere Südamerikas, begehbare Volieren und Vogelfreifluganlage, Schmetterlingshaus, Insektarium, Nachttierhaus, Schaubauernhof (wo gefährdete Haustierrassen neben ihren wilden Vorfahren leben) und eine Felsenanlage für Bären und Klettertiere, in der die einzelnen Gehege nicht durch Zäune getrennt sind, sondern für die Besucher unsichtbare Gräben die Tierarten voneinander separieren. Einer der Höhepunkte eines Wilhelma-Besuches ist das weltberühmte Aquarium – vom Schwarzwaldbach über die Amazonaslandschaft bis zur Südseeinsel werden hier Naturausschnitte präsentiert. Das alles sorgt dafür, dass die Wilhelma mit 1,8 Millionen Gästen im Jahr zu den Hauptattraktionen in Baden-Württemberg gehört.

Ein 15 Wochen altes Schneeleopardenbaby geht in der Wilhelma spazieren – unter Aufsicht, selbstverständlich.

Nur durch eine Scheibe getrennt kommt eine jugendliche Wilhelma-Besucherin einem Eisbären scheinbar zum Greifen nah.

Exotisches Paradies: eines der im maurischen Stil errichteten Gewächshäuser in der Wilhelma.

Tipp

Ein Highlight für Kinder (und natürlich Erwachsene): die Fütterung der Seelöwen. Suzann, Arno & Co flitzen durchs Wasser, vollführen meterhohe Sprünge und klauen auch mal eine Makrele aus dem Eimer. Und dann ist da noch Hugo, der Reiher ... (tgl. außer Do. 11.00 und 15.00 Uhr).

Ulmer Münster

Der höchste Kirchturm der Welt steht in Ulm. Mit 161 Metern überragt der streng gotische Bau das baden-württembergische Ulm, die Donau und das bayerische Neu-Ulm. Die Hauptkirche der einstigen Freien Reichsstadt ist zugleich die zweitgrößte Kirche Deutschlands.

Der Bau des Ulmer Münsters wurde zwar bereits 1377 begonnen, aber erst 1890 vollendet. Was zur Folge hatte, dass aus dem ursprünglich als katholisches Gotteshaus errichteten Münster nach der Reformation 1529 die bis heute größte protestantische Kirche der Welt wurde. Die Ulmer traten im Zuge einer namentlichen Abstimmung zum evangelischen Glauben über. Dem folgenden so genannten Bildersturm fielen über 60 Altäre, darunter auch der Hauptaltar im Münster, zum Opfer. Bei dem Fliegerangriff auf Ulm am 17. Dezember 1944 blieb die Kirche beinahe unbeschä-

Münsterplatz; fast alle Buslinien (Rathaus); tgl. 9.00 – 16.45 (Jan., Feb.), 8.00 – 18.45 (Apr. – Juni), bis 19.45 (Juli, Aug.), 8.00 – 17.45 Uhr (März, Okt. – Dez.) (nicht bei Gottesdiensten); www.tourismus.ulm.de

Die Portale sind besonders reich geschmückt. Hier die 1429 entstandene Steinplastik »Der Schmerzensmann« von Hans Multscher.

Majestätisch überragt das Ulmer Münster die Innenstadt Ulms.

digt, obwohl fast alle anderen Gebäude am Münsterplatz schwer getroffen wurden.

Das Kirchengebäude ist 123 Meter lang, 48 Meter breit, bedeckt eine Fläche von 8260 Quadratmetern und ist ausgelegt für 2000 Sitzplätze. Im Mittelalter bot es sogar Platz für 20 000 Menschen, da es damals üblich war, während des Gottesdienstes zu stehen. Das Münster hat mit exakt 161,53 Metern Höhe den höchsten Kirchturm der Welt, der über 768 Stufen bis zu einer Höhe von 141 Metern bestiegen werden kann. Im Hauptturm hängen auch die 13 Glocken, von denen zehn geläutet werden können. Die »Gloriosa« ist mit knapp zwei Metern Durchmesser und einem Gewicht von bald fünf Tonnen die größte, schwerste und am tiefsten klingende.

Das Hauptportal besticht durch eine Darstellung der Schöpfungsgeschichte. Die Fenster im Chor stammen zum Teil noch aus dem 15. Jahrhundert. Das Chorgestühl, mit Hunderten von aus Eichenholz geschnitzten Figuren, ist eines der berühmtesten und schönsten Gestühle der deutschen Gotik. Am linken Chorbogen findet sich das 26,5 Meter hohe Sakramentshaus von 1467. An der Stelle des während der Reformation verlorengegangenen Hochaltars steht der Heilige-Sippen-Altar. Die Hauptorgel mit 95 Registern und 7720 Pfeifen wurde erst 1969 installiert.

Den Zustand des Münsters, das jährlich von rund 150 000 Menschen besucht wird, zu erhalten, erfordert jedes Jahr mehrere 100 000 Euro an finanziellem Aufwand.

Bildnis des Pythagoras mit Laute aus dem Chorgestühl von Jörg Syrlin dem Älteren im Ulmer Münster.

Tipp

Auf Einsteins Spuren

»Ob grad', ob schief – 's ist doch alles relativ«. Am 14. März 1879 wurde Albert Einstein in Ulm in der Bahnhofstraße 20 geboren. Zwar war sein Aufenthalt in der Donaustadt auf nur 15 Monate begrenzt (seine Eltern zog es nach München), doch findet man heute neben der nach ihm benannten Einsteinstraße ein Denkmal und eine Gedenktafel in der Bahnhofstraße. Die Volkshochschule trägt den Namen Einstein-Haus und zeigt eine biografische Fotoausstellung.

Bayern

Laptop und Lederhose, Bayerischer Wald und Watzmann, Deutsches Museum und Hofbräuhaus: Deutschlands Touristenziel Nummer eins hat die höchsten Berge, die schönsten Seen, die attraktivste Stadt – und das bekannteste Volksfest der Welt.

Bamberger Altstadt

Wie Rom ist Bamberg auf sieben Hügeln erbaut. Die von Kriegen weitgehend verschonte Altstadt weist eine tausendjährige Geschichte auf und ist ein denkmalgeschütztes Gesamtkunstwerk, das zum Weltkulturerbe der Menschheit zählt.

Wo heute noch das Gestern wohnt, da liegt Bamberg, eine 70 000-Einwohner-Stadt mit dem Charme einer Puppenstube, aus der feiner Bratwurstduft emporsteigt und neun Brauereien für das passende Getränk sorgen. Da Bamberg auch den Zweiten Weltkrieg fast ohne Schaden überstanden hat, präsentiert sich in Oberfranken eine Stadt wie vor Hunderten von Jahren. Deshalb hat die UNESCO ihre Altstadt zum Weltkulturerbe gemacht.

Das kleine Rottmeisterhaus scheint über der Regnitz zu schweben. Dabei ist der wunder-

Dom (Domplatz): tgl. 8.00 – 17.00 Uhr (keine Besichtigung während der Gottesdienste); www.bamberg.info

Blick über die Altstadt mit dem Dom (links hinten), St. Stephan (halbrechts hinten) und dem Rathaus (vorne rechts).

bare Fachwerkbau nur an das große Alte Rathaus angebaut – allerdings ohne Fundament im Fluss. Auch Klein-Venedig ist ein Blickfang, der Häuserzug entlang der Regnitz, der auf Pflöcken errichtet wurde. Und es gibt den Dom mit dem berühmten Standbild des Bamberger Reiters, dem Altar von Veit Stoß und dem einzigen Papstgrab in Deutschland, dem von Clemens II. Einen Hügel weiter steht St. Stephan mit seinen Krippenfiguren aus Stein: Einigen fehlt ein Arm oder ein Bein – eine Anspielung auf den Contergan-Skandal der 1960er-Jahre, als ein Schlafmittel Missbildungen bei Babys hervorrief.

Zwischen den Hügeln und Kirchen verläuft ein Gassenlabyrinth, in dem ein interessierter Blick auf den anderen folgt: mal zu einem Haus aus dem Mittelalter, mal zu einem Gebäude aus der Barockzeit. Und irgendwie scheint hinter jeder Fassade auch eine Geschichte zu lauern. Dort gab Schriftsteller E. T. A. Hoffmann Musikunterricht – schließlich konnte er von seiner Dichtkunst nicht leben. Hinter der nächsten Türe – natürlich einer Klosterfassade der Benediktiner – wurde schon vor 900 Jahren Bier gebraut. Bischof Otto I. gab das Braurecht der Stadt und die Bamberger dankten ihm dafür, in dem sie ihn als Heiligen verehrten.

Wer auf den Turm von Schloss Geyerswörth steigt, hat einen prächtigen Blick über die Altstadt, den Dom und das schwarze Dach des Alten Rathauses. 300 000 Übernachtungsgäste zählt Bamberg, zu denen die Alteingessenen – wie zu allen anderen auch – übrigens statt »guten Tag« ein nettes »Gloria« sagen.

Wen er darstellt, kann man nicht mit Sicherheit sagen: das Wahrzeichen der Stadt, der Bamberger Reiter.

Bindeglied zwischen Ober- und Unterstadt: die Obere Brücke mit dem Rathaus.

Tipp

Rauchbier Eine echte Bamberger Bierspezialität ist das Rauchbier. Dafür wird das Gerstenmalz über einem Holzfeuer getrocknet und nimmt dabei den Rauchgeschmack an. Der behauptet sich bis ins fertige Bier. In der Tat schmeckt das gewöhnungsbedürftig, aber nach dem ersten Schluck darf man sich nicht entmutigen lassen. Man kommt schnell auf den Geschmack. Nur noch zwei Bamberger Brauereien stellen es her: Schlenkerla (Dominikanerstr. 6) und Spezial (Königstr. 10).

Nationalpark Bayerischer Wald

Wo ein Baum noch Baum sein darf und selbst der Borkenkäfer seine Ruhe hat: Im Nationalpark Bayerischer Wald bleibt die Natur zum größten Teil sich selbst überlassen, ob am knapp 1500 Meter hohen Großen Rachel oder 1000 Meter darunter.

Bloß nicht eingreifen! Milben, Regenwürmer oder Insektenlarven sind rastlos damit beschäftigt, die abgeworfenen Nadeln und Blätter sowie abgestorbene Bäume aufzuarbeiten. Ein perfektes biologisches Recycling, das sich rumgesprochen hat: Inzwischen kommen Touristen, um die toten Bäume zu sehen, denn die geben tatsächlich ein archaisches Bild ab, gehören in erster Linie aber nur zum Kreislauf der Natur, in der der Mensch keine Rolle spielt.

Warme Sommer haben in den 1990er-Jahren zur Massenvermehrung des Borkenkä-

Entlang der bayerisch-böhmischen Grenze; Bahn: nach Eisenstein, Grafenau, Zwiesel, von dort Gasbus; Auto: A 3 bis Deggendorf, dann 30 km nach Spiegelau; www.nationalpark-bayerischer-wald.de

fers beigetragen, was sogar eine Waldumwandlung zur Folge hatte. Ohne dass eine Menschenhand eingegriffen hätte, starb der Bergfichtenwald großflächig ab. Doch im Schutz der toten Bäume wuchsen und wachsen junge Fichten, Bergahorne, Birken und Weiden nach. Ein neuer Wald war geboren, ein echter Urwald, als gäbe es den Menschen gar nicht. Die Natur hatte ihren Lauf genommen ...

Der knapp 250 Quadratkilometer große Nationalpark Bayerischer Wald wurde 1970 der erste deutsche Nationalpark und gilt als Modell und Vorbild. Die hier zu Tage tretenden Gesteine sind hunderte Millionen Jahre alt. Das gilt auch für den Großen Rachel, mit 1453 Metern die zweithöchste Erhebung des Bayerischen Waldes nach dem Großen Arber, der drei Meter mehr aufzuweisen hat, aber außerhalb des Nationalparkgebiets liegt. Von Spiegelau dauert der Aufstieg auf den Rachel rund vier Stunden, wobei man in dieser Zeit genauso viele Klimazonen durchquert wie man sie von Südbayern bis Nordschweden findet. Bis in den Sommer hinein ist die Rachelspitze mit Schnee bedeckt.

Bei Wanderungen in abgelegene Gebiete auf dem mehr als 300 Kilometer langen Wegenetz sieht man mit Glück Rehe, Hirsche, aber auch Schlangen, Molche, Siebenschläfer, Schwarzstörche und mehr als 50 weitere Vogelarten. Ganz selten begegnet man Wolf und Luchs. Wer nicht so gut zu Fuß ist, kann auf Rundwegen in großen Gehegen und Volieren mehr als 30 im Bergwald heimische Tiere beobachten, auch Wolf, Bär und Wisent. Den Nationalpark besuchen jährlich rund 2,5 Millionen Gäste.

Die hölzerne Rachelkapelle hoch über dem Rachelsee.

Attraktion für alle Generationen: der Bayerische Wald.

Tipp

Abendwanderung

Diesen einmaligen Urwald in Deutschland kann man auch auf ganz besondere Weise erleben: Bei einer stimmungsvollen drei- bis vierstündigen Abendwanderung mit einem Ranger. Den Abschluss dieser außergewöhnlich schönen und interessanten Nationalparktour bildet ein gemeinsames Lagerfeuer. Da es nur acht Termine pro Saison gibt, ist eine Anmeldung unbedingt erforderlich (Tel.: 0700-00776655). Eine Gebühr wird nicht verlangt.

In Kaskaden strömt die Große Ohe den Berg hinab.

Deutsches Museum München

Das Deutsche Museum in München ist wie eine Stadt in der Stadt. Was von außen gar nicht mal so groß erscheint, erweist sich im Inneren als ein riesiges, faszinierendes Technik- und Naturwissenschaftsmekka zum Entdecken und Mitmachen.

Das Deutsche Museum ist ein Spielplatz für alle. Es hat Flugplatzcharakter, ist ein Automuseum, Labor und Forschungsstation. Blitze zucken im Faraday'schen Käfig, Industrieroboter sind in Aktion. Jeder will einen Reaktionstest machen oder in die Sterne gucken. Wem es im Deutschen Museum langweilig wird, dem dürfte nicht zu helfen sein ...

1903 von Oskar von Miller vorgeschlagen, 1906 bis 1925 erbaut, ist das Deutsche Museum heute eines der größten, bedeutendsten und am häufigsten besuchten

Museumsinsel in der Isar; S-Bahn: S 1 – 8 (Isartor); Straßenbahn: Linie 18 (Deutsches Museum); tgl. 9.00 – 17.00 Uhr, außer an Feiertagen; Eintritt: 8,50 Euro; www.deutsches-museum.de

Im »Zellwald« werden verschiedene Zelltypen im Maßstab 20 000 : 1 dargestellt.

Mitmachen wird groß geschrieben: Im Kinderreich üben die Kleinen an der Riesengitarre.

Museen für Technik und Naturwissenschaften der Welt: mit 17 000 Exponaten auf 55 000 Quadratmetern Ausstellungsfläche und einer Führungslinie von 16 Kilometern.

Dazu kommen 750 000 Bücher, 4300 Zeitschriften sowie unzählige Dokumente in der Präsenzbibliothek. Die Abteilungen und Themen reichen von Astronomie, Bodenschätze, Chemie über ein Modell der Weltraumstation Spacelab bis zur Welt der Nano-Soccer, die zur Fußball-Weltmeisterschaft 2006 Einzug gehalten haben. Grob gegliedert zeigt sich das Deutsche Museum mit folgenden Highlights: Untergeschoss mit Autos, Schifffahrt und Kinderreich, Erdgeschoss mit Eisenbahnen und Maschinen, erstes Obergeschoss mit Luftfahrt und Akustik, zweites mit Raumfahrt, drittes mit dem Mathematischen Kabinett und Zeitmessung, viertes mit Sternwarte, fünftes mit Astronomie und sechstes mit Planetarium. Dazu kommen das Freigelände mit dem Seenotkreuzer »Theodor Heuss« sowie Dependancen.

1,4 Millionen Besucher lassen sich pro Jahr von all dem faszinieren. Die wenigsten wissen aber, dass im Deutschen Museum auch eine Partei gegründet wurde (1945 die CSU) und vier Jahre später der Deutsche Gewerkschaftsbund. Aber die meisten lernen schon in der Schule: Der Besuch des Deutschen Museums ist – einmal im Leben – ein Muss.

Eine Abteilung für Fahrzeugtechnik darf natürlich nicht fehlen.

Tipp

Unter Spannung Täglich um 11.00, 14.00 und 16.00 Uhr herrscht im Erdgeschoss des Deutschen Museums Hochspannung: Dann steht der Faraday'sche Käfig tatsächlich unter Strom und es zucken die Blitze. Auch die riesige Modelleisenbahnanlage wird zur selben Zeit aktiviert.

Englischer Garten München

Oase der Ruhe und Übungsraum für Musikanten, Spazierweg und Tummelplatz der Freizeitsportler, Biergarten, Studienzimmer und FKK-Gelände: Der Englische Garten in München ist einer der größten, buntesten und schönsten Volksparks der Welt.

Scheinbar teilnahmslos spazieren manche Japaner im Sommer mit dem Jackett unterm Arm am Eisbach entlang. Doch hinter dunklen Sonnenbrillen lugen wache Augen, schweifen Blicke umher, als wollten sie die komplette Umgebung scannen. Denn die Gegend am südlichen Eisbach wurde in den Hippiejahren weltbekannt, weil man in München, als einziger Großstadt der Welt, mitten im Zentrum, auf öffentlichem Gelände hüllenlos baden durfte – und bis heute darf. Bald fand dieser Fleck des Englischen Gartens Eingang in Reiseführer über München, im Speziellen in japanische ...

Am Ostufer der Isar; U-Bahn: U 3 – 6 (Odeonsplatz), U 3, U 6 (Universität, Giselastraße, Münchner Freiheit) Bus: 54 und 154 (Chinesischer Turm); www.muenchen-tourist.de

Der klassizistische Rundtempel Monopteros ist ein Treffpunkt für junge Musikfreunde.

Wellenreiten mitten in der Großstadt – am Eisbach im Englischen Garten ist das alltägliches Vergnügen.

Vom Haus der Kunst im Süden bis zum »Aumeister« im Norden erstreckt sich Deutschlands größter Stadtpark mit bis zu 250 000 Besuchern an Spitzentagen über 372 Hektar. 1789 wurde der Garten fürs Militär angelegt. Graf von Rumford hatte die Idee zu der Anlage, die ab 1811 »als Volksgarten zur Bewegung und Geschäftserholung und zum Genusse der freien und gesunden Lebensluft« dient. Heute bewundern bei fast jedem Wetter Schaulustige die Eisbachsurfer in der Nähe des Rumford-Denkmals. Von der Diskothek »P 1« mit herrlicher Terrasse zum Park, der kein Popstar, der in München gastiert, widerstehen kann, zum Japanischen Teehaus sind es nur wenige Schritte. Am klassizistischen Pavillon Monopteros hat man einen der schönsten Blicke auf die Stadt. Die beste Atmosphäre freilich bekommt man in den Biergärten: am Chinesischen Turm, in der »Hirschau«, am »Seehaus« am Kleinhesseloher See – auf dem 1906 die Weltmeisterschaft im Eiskunstlauf stattfand! – oder beim weitgehend touristenfreien »Aumeister«. Das ist München pur!

Ansonsten treibt im Englischen Garten jeder, zu was er gerade Lust hat. Opa und Oma gehen spazieren, junge Pärchen knutschen, türkische Familien machen ein Picknick, Studenten bereiten ein Referat vor, Touristen drehen mit der Pferdekutsche eine Runde. Und im Winter? Nutzt man die Langlaufloipen, schleift die Kufen und trinkt in der Wintersonne eine Maß ...

Tipp

Kontrastprogramm

zur Biergartenseligkeit: Im Südwesten des Englischen Gartens, gleich hinter dem Haus der Kunst, lädt das Japanische Teehaus von April bis Oktober an jedem 2. und 4. Sonntag zur Teezeremonie (Informationen Tel. 089/22 43 19).

Unterm Chinesischen Turm lassen sich die Münchner und die Gäste der Stadt Bier und Weißwurst schmecken.

Hofbräuhaus München

Wer bayerische Wirtshausseligkeit sucht, kommt am Hofbräuhaus nicht vorbei. Bekanntlich steht es in München. Aber wer hat das bekannte Lied komponiert?

Als der Engel Aloisius (alias Alois Hingerl, Dienstmann Nr. 172), vom Himmel gesandt mit einer göttlichen Botschaft an die bayerische Staatsregierung, endlich wieder in seinem geliebten München war, steuerte er stracks das Hofbräuhaus an und bestellte sich eine Maß. Und dann no oane... und no oane... Und da sitzt er heute noch.

Ähnlich wie ihm geht es den meisten Besuchern Münchens und natürlich den Münchnern selbst: Es gibt wohl keine andere Adresse in Bayerns Hauptstadt, die so sehr für bayerische Gemütlichkeit steht wie das

Am Platzl 9; U-Bahn: U 3, U 6 (Marienplatz), Tram: Linie 19 (Maximilianstraße); tgl. 9.00 – 23.30 Uhr; www.hofbraeuhaus.de

Königliche Hofbräuhaus am Platzl. Hier stemmen tatsächlich noch Männer in Lederhose und mit Gamsbart die Maßkrüge, nebenan begießen Fußballfans Siege und Niederlagen ihrer Mannschaften und ein paar Tische weiter nippen Preiß'n, Amerikaner und Touristen aus Fernost an den offensichtlich ungewohnt großen Bierkrügen.

Angefangen hatte alles im Jahr 1589, als Herzog Wilhelm V. auf Vorschlag seiner Räte ein Bräuhaus zur Versorgung von Hof und Gesinde errichten ließ. 1607 entstand das Sudhaus am Platzl, doch erst 1610 erlaubte Wilhelms Nachfolger Maximilian I., das Bier auch an Gastwirte zu liefern, sodass fortan das gewöhnliche Volk ebenfalls in den Genuss des köstlichen Gerstensafts kam. Über 300 Jahre später, im Jahr 1828, erregte genau dies den Zorn der übrigen Münchner Brauer und Gastwirte, die um ihr Geschäft fürchteten. Doch sie hatten nicht mit König Ludwig I. gerechnet: Per Dekret verfügte er den öffentlichen Ausschank des königlichen Biers – die Geburtsstunde dessen, was heute allgemein als »Hofbräuhaus« bekannt ist, hatte geschlagen. Nach der Auslagerung der Brauerei 1896 baute man 1897 schließlich die heutige Großwirtschaft.

Die besteht aus der Schwemme im Erdgeschoss, in der 1300 Gäste Platz finden, dem Bräustüberl im ersten Stock, dem sehr schönen Biergarten und dem Festsaal, der in der Gestalt des ersten, 1589 erbauten Saals nach dem Zweiten Weltkrieg renoviert wurde. Wahres Hofbräuhaus-Erlebnis verspricht natürlich die Schwemme, wo bayerische Küchenklassiker auf die Tische kommen, wo sich jeden Tag mindestens einer der 86 (!) Stammtische einfindet und wo auf dem Podium mittendrin die Musi spielt – natürlich auch »In München steht ein Hofbräuhaus ... oans, zwoa, gsuffa ...«. Komponiert hat das übrigens ein Berliner, Uraufführung war 1936 auf dem Dürkheimer Wurstmarkt in der Pfalz – aber der Text immerhin stammt von einem echten Bayern.

Tipp

Luja, sag i! In einer Nische neben der Schanktheke fällt ein Wandgemälde ins Auge, das, nach einer Vorlage von Gertraut und Walter Reiner, eben jenen Dienstmann Nr. 172 Alois Hingerl zeigt, der im Himmel frohlocken und Manna statt Bier trinken sollte.

»In München steht ein Hofbräuhaus ...« Und zwar am Platzl – hier die Außenansicht.

In der Schwemme ist immer ein bisschen Oktoberfeststimmung.

Zünftige Musik gehört im Hofbräuhaus immer dazu.

Das Straßenschild weist den Weg zum Hofbräuhaus.

Oktoberfest München

Fast jährlich purzeln die Rekorde, wenn es heißt: Auf geht's zum Oktoberfest. Die Wiesn wird auf allen Kontinenten der Erde nachgeahmt, aber Tradition lässt sich eben nie richtig kopieren. Die gibt's nur beim Münchner Original.

Die Deutschen können keine Party machen? Von wegen! Das größte Volksfest der Welt findet auf der Wiesn in München statt. Bis zu sieben Millionen Besucher in zwei Wochen – das schafft nicht einmal Las Vegas ...

Das Volksfest gibt es seit 1810, als der bayerische Kronprinz Ludwig seine Prinzessin Therese von Sachsen heiratete. Das Volk war eingeladen zur Feier auf eine Wiese vor den Toren der Stadt. Schnell hieß der Ort, dem Anlass gemäß, Theresienwiese, heute von den Münchnern kurz Wiesn genannt.

Theresenwiese; U-Bahn: U 5 (Theresienwiese), S-Bahn: S 7, S 20, S 27 (Hackerbrücke); letzte zwei Septemberwochen bis einschließlich erstes Oktoberwochenende von 12.00 – 24.00 Uhr; www.oktoberfest.de

Draußen herrscht freudige Ausgelassenheit zwischen Lämpchen, Zuckerwatte, Achterbahn mit fünf Loopings und Schaubuden mit schwebenden Jungfrauen, Damen ohne Unterleib oder gar Enthauptungen auf offener Bühne. Die wunderschön geschmückten Kutschen der Brauereien sorgen trotzdem noch für Aufsehen und Institutionen wie das Teufelsrad locken auch heute noch die Menschen. Zu Besuch sind Amerikaner und Japaner, Schotten im Rock und Italiener frisch aus dem Wohnmobil, es kommen gepiercte Mädchen und jung gebliebene Opas. Auf der Wiesn werden Scheidungen revidiert, tausende von One-Night-Stands angeleiert und schon auch mal ein Kind gezeugt: an den dafür bekannten Hängen rechts unterhalb der großen Bavaria.

Trübsinn gibt es nicht, Räusche sind häufig – jedoch ohne große Sicherheitsprobleme. Ein Gerangel, ein paar Taschendiebstähle oder einmal zu fest in den Po gekniffen: Das ist alles – bei täglich bis zu 500 000 Menschen, gedrängt auf fünf Hektar.

Knapp sechs Millionen Liter ausschließlich in München gebrautes Bier fließen in zwei Wochen durch die Kehlen, fast 800 000 Hendl gehen über die Theke, eine halbe Million Würstchen und 80 ganze Ochsen und Fisch und Käse und und und ... Alles zusammen gerechnet, werden direkt auf der Wiesn rund 250 Millionen Euro umgesetzt, in ganz München in 16 Tagen mehr als 700 Millionen.

Maß halten kann ziemlich anstrengend sein – vor allem auf dem Oktoberfest.

Auf der Wiesn drehen sich die Karussels.

Partylaune ist garantiert auf dem Oktoberfest: Die Stimmung in den 14 Festzelten mit jeweils bis zu 10 000 Sitzplätzen brodelt ab 17 Uhr, kocht später schon auch mal über.

Tipp

Festzelt ist nicht gleich Festzelt Jeder Biertempel hat Eigenheiten. Beim »Schottenhamel« wird die Wiesn durch den Oberbürgermeister eröffnet. Im »Hacker Festzelt« wurde auf Popmusik umgestellt, ebenso wie in der »Hofbräu Festhalle«, wo sich alle aus Übersee treffen und die Mädchen schon mal die T-Shirts lupfen. Im »Löwenbrau-Zelt« trifft man die Fans des TSV 1860, während die Bayern-Kicker ins »Winzerer Fähndl« gehen. Die »Bräurosl« ist am ersten Sonntag der Schwulen- und Transen-Treff und im »Augustiner-Bräu« gibt's Kennern zufolge das beste Bier.

Nicht nur die Bierbrauer machen ihr Geschäft – auch die Lebkuchenherzbäcker.

Schloss Neuschwanstein

Das Märchenschloss in einer Traumlandschaft: Für Neuschwanstein bleiben eigentlich nur Klischeebeschreibungen und Superlative. Im Wortsinn genommen geben sie aber genau das wieder, was die Menschen anlockt und Ludwig II. einst wollte.

Es soll ja wirklich US-Amerikaner geben, die glauben, dass Neuschwanstein eine wirklich hübsche und gelungene Replik von Cinderella's Castle in Disneyland sei. Andere nennen die Burg des Märchenkönigs despektierlich Neuschwahnsinn, was nicht verwunderlich ist, angesichts von 1,3 Millionen Besuchern pro Jahr.

Bei Füssen teilen sich die Deutsche Alpenstraße und die Romantische Straße den Weg, ausgeschildert auch mit japanischen Schriftzeichen, was einzigartig in Deutschland sein dürfte. Beide Straßennamen ver-

5 km südlich von Füssen; Bus: Linie 73, 78, Auto: B 17 (letzte Parkmöglichkeit: Hohenschwangau); tgl. 9.00 – 18.00 (April– Sept.), 10.00 – 16.00 Uhr (Okt. – März); Eintritt: 9 Euro; www.neuschwanstein.de

körpern Neuschwanstein: Die pure Romantik mit Zinnen, Türmchen und Giebeln in einer herrlichen Alpenregion, die eines der wohl bekanntesten Schlösser der Welt in einmaliger Lage auf einem bewaldeten Bergrücken ausstrahlt. Aber auch innen ließ König Ludwig II. Szenarien schaffen: das Schlafzimmer mit Bildern aus »Tristan und Isolde«, das Wohnzimmer mit Szenen aus »Lohengrin«. Die Grotte trotzt allen Vorwürfen von Kitsch, schließlich soll in einer ähnlichen Umgebung Tannhäuser den Reizen der Venus erlegen sein. Und schließlich der Prunk im Thronsaal, der nie einen Thron erhielt.

Entstanden ist der Traum als stimmungsvollste Schöpfung von Ludwig II. ab 1869, im Stil einer alten Ritterburg nach Entwürfen des Theatermalers Christian Jank, der sich die Wartburg zum Vorbild genommen hatte. Nur sieben Wochen nach dem mysteriösen Tod des Königs am 13. Juni 1886 öffnete sich der noch unvollendete Bau dem Publikum. Absurd: Der menschenscheue Ludwig hatte die Burg erbaut, um sich zurückzuziehen – und sein geplantes Refugium wurde zum Publikumsmagneten ... Im Sommer drängen sich täglich mehr als 6000 Besucher durch Räume, die für einen einzigen Bewohner bestimmt waren.

Die große Faszination, die auch heute noch vom »Kini« ausgeht, fand ihren Niederschlag unter anderem in den Musicals »Ludwig II.: Sehnsucht nach dem Paradies« und der Fortsetzung »Ludwig²«, gegeben im Festspielhaus am nahen Forggensee.

Blick in das Schlafgemach König Ludwigs II. in seinem »Märchenschloss«.

Weltweit gilt das kühn auf einem Bergrücken errichtete Schloss Neuschwanstein als Symbol deutscher Romantik.

Tipp

Nicht ohne Ticket!

Eintrittskarten gibt es nur im Ticketcenter im Ort Hohenschwangau (Alpseestraße 12, Telefon 08362/930830, www.ticket-center-hohenschwangau.de). Also nicht ohne Ticket den rund 30 Minuten langen Fußweg zum Schloss hinauf antreten! Zum Ausgleich für die Mühen: im Anschluss an die Besichtigung von Neuschwanstein eine Seentour einplanen. Allein in der näheren Umgebung von Füssen gibt es 26 Seen: Der größte ist der Forggensee, der bekannteste der Alpsee.

Der prächtige Thronsaal ist byzantinisch geprägt – Ergebnis einer Vorgabe von Ludwig II., nach der unter anderem die Hagia Sophia als Vorbild dienen sollte.

Christkindlesmarkt Nürnberg

Als Mutterstadt der Weihnachtsmärkte ist Nürnberg weltbekannt. Alle lieben auf dem Christkindlesmarkt die wunderbaren Lebkuchen, die lustigen »Zwetschgenmännla« und natürlich die besten aller Rostbratwürste, die über Buchenholz gegrillt werden.

Es ist ein Fest für Augen und Sinne: Der Duft von Bratwürsten und Lebkuchen liegt in der Luft, Lichtergirlanden verzaubern nicht nur große Kinderaugen und leise rieselt der Schnee ... Trotz Kaiserburg, der fünf Kilometer langen Stadtmauer und 80 Türmen, trotz Beinamen wie Meistersinger- oder Dürerstadt, wird das mittelfränkische Zentrum – nicht die Hauptstadt, die ist Ansbach – in der Wahrnehmung auf zwei Wochen und eine Veranstaltung reduziert: auf Deutschlands berühmtesten Weihnachtsmarkt, den Nürnberger Christkindlesmarkt. Stets am Freitag vor dem ersten

Hauptmarkt; U-Bahn: U 1 (Lorenzkirche); Fr. vor 1. Advent bis Heilig Abend, am Eröffnungstag 14.00 – 21.00, Mo. – Mi. 9.30 – 20.00, Do. – Sa. 9.30 – 21.00, So. 10.30 – 21.00 Uhr; www.christkindlesmarkt.de

Bis zum Heiligen Abend werden jedes Jahr mehr als zwei Millionen Besucher aus aller Welt erwartet, wobei auch für die Nürnberger ein Gang durch die Budenstadt Pflicht ist. 180 Holzbuden präsentieren ein traditionell gehaltenes Weihnachtsangebot vom Rauschgoldengel bis zu ganzen Krippen, von Kerzen über Spielzeug bis Kunstgewerbe. Als Mitbringsel liegen Nürnberger Lebkuchen und »Zwetschgenmännla« ganz vorn, Figuren aus getrockneten Pflaumen. Während zwischendurch die berühmten Nürnberger Rostbratwürste nicht fehlen dürfen: Gereicht werden sie als »Dra in an Weckla«, also drei Stück in einem Brötchen. Und wer sich nicht nur stärken, sondern auch ein wenig an seinem Glück arbeiten will, der geht zum 17 Meter hohen Schönen Brunnen im nordwestlichen Teil des Platzes und dreht am nahtlos eingegitterten Goldenen Ring.

Die Existenz des Christkindlesmarktes lässt sich bis ins Jahr 1628 zurück verfolgen. Eine Liste von 1737 gibt Hinweise darauf, dass schon damals 140 Personen Waren anboten. Und selbst die Nationalsozialisten versuchten, die traditionsreiche Veranstaltung und damit das Christkind für ihre Propaganda zu vereinnahmen. An der Beliebtheit des größten Touristenmagneten der Stadt hat das aber gottlob nichts geändert.

Das Nürnberger Christkind wird von den Bürgern der Stadt gewählt.

Vorweihnachtliche Stimmung trotz drangvoller Enge auf dem Christkindlesmarkt. Im Hintergrund die Frauenkirche, vorne links der Schöne Brunnen.

Advent läutet das von Nürnbergern gewählte Christkind von der Empore der Frauenkirche feierlich die Markttage ein.

Tipp

Tagsüber Am schönsten ist der Christkindlesmarkt am Abend, wenn alles beleuchtet ist. Bleibt also tagsüber Zeit, sich ein wenig von Nürnberg anzuschauen wie die Kaiserburg oder das Dürer-Haus. Vor allem aber das eine oder andere unvergleichliche Museum: Im Verkehrsmuseum steht ein Nachbau des »Adler«, des ersten deutschen Eisenbahnzugs, das Germanische Nationalmuseum ist das größte kunst- und kulturgeschichtliche Museum der deutschsprachigen Länder und das Spielzeugmuseum erfreut wirklich jedes Kind.

Auf dem Christkindlesmarkt darf er natürlich nicht fehlen: der Nikolaus.

Dreiflüsseeck und Altstadt Passau

Jeder lernt es ihm Erdkundeunterricht: Wo Donau, Inn und Ilz beinahe an einer Stelle zusammenfließen, dort liegt Passau, die Dreiflüssestadt. Ihre Altstadt ruht auf einer Landzunge zwischen den beiden großen Strömen, die am Dreiflüsseeck endet.

Früher war alles schöner. Was häufig nur eine Mischung aus Floskel und Verklärung ist, gilt für die Flusskreuzfahrer, die von Budapest, Wien oder auch nur von Linz kommen, wirklich: Seit neuestem müssen sie weit vor dem Dreiflüsseeck an der neuen Anlegestelle Passaus donauabwärts aussteigen, ehe sie dann mit dem Omnibus ins Zentrum der Bischofs- (seit 739) und Studentenstadt (seit 1978) gebracht werden.

Und wo ist die Ilz? Diese Frage hört man jeden Tag ganz vorne an der Spitze des Dreiflüsseecks, welches das Ende der Passauer

Altstadtspitze; Bus: Linien 1 bis 4 (Rathaus), dann zu Fuß; www.passau.de

Altstadt markiert. Die wird dominiert von ihrem Dom St. Stephan, 1407 begonnen und erst im 17. Jahrhundert vollendet. Die Ilz, das ist das kleine, schmale Flüsschen, dunkel und moorbraun in der Farbe, das von Norden kommt, wo über dem linken Donauufer auf dem steilen Georgsberg die Veste Oberhaus thront, die ab 1219 errichtete Trutzburg der Passauer Fürstbischöfe. Dort verschanzten sich die Domherren, wenn die Bürgerschaft den Aufstand probte.

Auch Irrtümer hört man jeden Tag am Dreiflüsseeck. Denn häufig wird die Donau mit dem Inn verwechselt. Ist der Inn an dieser Stelle doch der deutlich mächtigere Strom. Und obwohl Hauptfluss, muss sich die Donau auch gefallen lassen, dass der Inn seine graue Farbe gegenüber der braungrünen Donau zunächst durchsetzt. Der Inn, von den Alpen und also von Süden kommend, hat die stärkere Strömung und ist bei seiner Mündung stolze 80 Meter breiter als die bei Passau noch recht schmächtige Donau mit gut 120 Metern Breite. Der nach der Wolga längste Strom Europas hat bis Passau erst 624 Kilometer hinter sich gebracht – der Inn hat an seiner Mündung gerade 517 Kilometer zurückgelegt. Doch die Donau wird ab Passau noch 2226 Kilometer fließen und viele Flüsse aufnehmen, ehe sie ins Schwarze Meer mündet.

300 000 Übernachtungsgäste und insgesamt zwei Millionen Touristen pro Jahr zählt Passau. Und beinahe alle wollen vor allem die Schokoladenseite sehen, den Zusammenfluss der drei Flüsse mit Altstadt und Dom im Hintergrund.

Die auf einem Bergrücken gelegene Burganlage »Veste Oberhaus« trotze als fürstbischöfliches Bollwerk bis ins 18. Jahrhundert allen Eroberungsversuchen. Die »Veste Niederhaus« direkt an der Mündung der Ilz in die Donau kontrollierte einst den Schiffshandel auf der Donau.

Die vom Dom überragte Altstadt strahlt italienisches Flair aus – große Teile wurden von italienischen Baumeistern errichtet.

Das Altstadtufer – hier am Schaiblingsturm – lädt zum Promenieren ein.

Tipp

Beim Scharfrichter Passau haftet bundesweit immer noch das Image einer erzkonservativen Stadt an. Das hat sich längst geändert. Aber aus der klerikal-schwarzen Zeit stammen die Ursprünge vom » ScharfrichterHaus«, bis heute eine der besten Adressen Deutschlands für Kabarett und zuvor, ab 1331, wirklich Wohnhaus des Scharfrichters. Seit 1977 urteilen auf der Altstadtbühne scharfzüngig aber Kabarettisten wie Sigi Zimmerschied (www.scharfrichter-haus.de).

Steinerne Brücke Regensburg

Ohne Gegenstimme wurde Regensburgs Altstadt im Sommer 2006 zum vorerst letzten deutschen Weltkulturerbe der UNESCO gewählt. Neben dem Dom das markanteste Bauwerk ist die Steinerne Brücke, die zwischen 1135 und 1146 erbaut wurde.

Wer Regensburg sagt, dem klangen bisher die hohen Stimmen der Domspatzen ins Ohr. Oder man erinnerte sich an die Ahnengalerie in der nah gelegenen Walhall. Mit dem 13. Juli 2006 hat sich das jedoch geändert: Die UNESCO-Weltkulturerbe-Sitzungspräsidentin Ina Marciulionyte vollendete in der litauischen Hauptstadt Vilnius den seit 20 Jahren geträumten Regensburger Traum: Die Altstadt wurde mit Dom und Steinerner Brücke zur 32. Weltkulturerbestätte der Republik. Sie gilt als einziges erhaltenes Ensemble einer mittelalterlichen Großstadt in Deutschland.

An der Donau; Bus: Linien 4, 12, 13 und 47 (Steinerne Brücke); www.regensburg.de

Bilderbuchansicht von der Donau aus: Steinerne Brücke, Bruckturm und Dom.

Die 336 Meter lange Steinerne Brücke, 15 Meter über der Donau, ist ein Meisterwerk mittelalterlicher Baukunst und Ausdruck des Wohlstands der Regensburger Kaufmannschaft. Mehr als 800 Jahre lang war sie die einzige Donaubrücke in Regensburg. Das Kreuzfahrerheer unter Ludwig VII. überquerte auf ihr die Donau und mit einer Baumasse von rund 100 000 Tonnen diente sie als Vorbild für andere große Steinbrückenbauten des 12. und 13. Jahrhunderts, etwa über die Elbe in Dresden, die Rhône in Avignon, die Themse in London und die Moldau in Prag. Noch heute wird die Steinerne Brücke 6000-mal pro Tag passiert.

Von den 16 Bögen sind 15 zu sehen und von den ursprünglich drei Brückentürmen blieb ein Brücktor stehen. Der erste Bogen an der Südseite wurde bei der Errichtung des Salzstadels 1620 komplett eingebaut, ist aber unter der Brückenauffahrt erhalten. Im Scheitel der Steinernen Brücke wacht das Brückenmännchen, das Symbol der städtischen Freiheitsrechte. Es stammte ursprünglich von 1446, die aktuelle Ausführung wurde 1854 aufgestellt. Eine Vorgängerfigur befindet sich im Historischen Museum Regensburg.

Vom Standpunkt des Brückenmännchens bietet sich der schönste Blick auf das neue Weltkulturerbe mit Dom, Altstadt-Dächern und -Türmen. Und man sieht die Pfeilerinseln, die unter den Brückenbögen einen Wasserwirbel, den bekannten Regensburger Donaustrudel, verursachen.

Von der Mitte der Steinernen Brücke aus hält das Brückenmännchen Wache über das mittelalterliche Stadtensemble.

Tipp

Imbiss Neben der südlichen Brückenauffahrt befindet sich die historische »Wurstkuchl«. Schon im Mittelalter gönnten sich die Steinmetze und Hafenarbeiter im ehemaligen Baubüro für die Steinerne Brücke Rast und Stärkung. Bis heute ist vieles beim Alten geblieben: Der offene Holzkohlengrill, die hausgemachten Würstl aus purem Hinterschinken vom Schwein, das Sauerkraut aus dem eigenen Keller und der bekannte »Wurstkuchl« -Senf nach historischem Rezept (tgl. bis 19.00 Uhr).

Rothenburger Altstadt

Das romantische Franken besitzt einen Ort, der im Ausland gerne als typisch für ganz Deutschland steht: Rothenburg ob der Tauber. Vor allem Japaner und US-Amerikaner lassen die gut erhaltene mittelalterliche Kleinstadt bei Europareisen selten aus.

Wenn asiatische Filmcrews im beschaulichen Rothenburg ob der Tauber drehen, dann haben sie nur eines im Sinn: Einen typisch deutschen Ort zu zeigen – das Bild der prächtig erhaltenen Altstadt aus dem Mittelalter mit ihren verschachtelten Gässchen und gepflasterten Plätzen, den manchmal windschiefen Fachwerkhäusern und anderen hochgiebeligen und verwunschen wirkenden Häuschen sowie der mächtigen Stadtmauer mit ihren Türmen. Dadurch ist die kleine, nur 11 000 Einwohner zählende Kreisstadt zu einem Aushängeschild Deutschlands geworden – und zu

50 km südlich von Würzburg; mit der Bahn ab Würzburg, mit dem Auto auf der A 7
www.rothenburg.de

einem Anziehungspunkt für knapp drei Millionen Touristen pro Jahr.

Keine andere Stadt Deutschlands strömt solch eine Puppenstubenatmosphäre aus und glänzt nebenbei mit großer Kultur. In der St. Jakobskirche bestaunt man den Heilig-Blut-Altar von Tilman Riemenschneider, auf der durchgängigen Wehr- und Stadtmauer geht man spazieren. Der Plönlein – von lateinisch planum, also Platz – gilt als malerischster Punkt, während das historische Rathaus mit Glockenturm und Meistertrunk-Uhr lockt. Andere marschieren durch die Galgengasse zum Galgentor oder wundern sich über das mittelalterliche Kriminalmuseum. Dabei darf eines nicht vergessen werden: Trotz der strikten Denkmalschutzvorschriften in der Altstadt ist Rothenburg keineswegs eine Museumsstadt oder ein Mittelalterfreizeitpark. Den Reiz macht die Authentizität der Altstadt in Kombination mit der bewohnten und lebendigen Stadt hinter den Fassaden aus. Deshalb sollte man darauf achten, innerhalb der Altstadt ein Hotel zu wählen, das in einem historischen Haus untergebracht ist.

Im Mittelalter war Rothenburg freie Reichsstadt. Im Dreißigjährigen Krieg wurde sie von Graf von Tilly eingenommen, seit 1803 gehört sie zu Bayern. Im Zweiten Weltkrieg wurden 40 Prozent der original erhaltenen Bausubstanz durch Bombenangriffe zerstört oder stark beschädigt, doch nach dem Krieg hat man die Gebäude wieder originalgetreu aufgebaut oder saniert.

Bei den diversen Rothenburger Festen schlüpfen jung und alt in historische Kostüme. Die Blasmusik darf dabei nicht fehlen.

Der Markusturm aus dem 12. Jahrhundert zählt zu den ältesten Bauwerken der Stadt. Bis 1844 diente er als Gefängnisturm. Davor das schlanke Uhrtürmchen des Röderbogens.

Auch der Weiße Turm stammt aus dem 12. Jahrhundert. Er wird auch »Galgenbogen« genannt.

Tipp

Hört, ihr Leute ... Ein Rundgang mit dem Nachtwächter gehört zu den schönsten Erlebnissen. Für fünf Euro marschiert der Laternenmann in der Saison ab 21.30 Uhr eine Stunde lang durch die gepflasterten Gassen und erzählt von Bauten, Geschichte und Tradition. Im Mittelalter hatte er für Ruhe und Sicherheit innerhalb der Stadtmauern zu sorgen. Aber obwohl er damit eine wichtige Aufgabe erfüllte, gehörte seine Arbeit zu den unehrenhaften Berufen (www.nightwatchman.de).

Watzmann und Königssee

Wie groß ganz Kleines sein kann, beweist St. Bartholomä, das den wunderschönen Königssee im Wortsinn krönt. Die grandiose Mischung aus mächtiger Watzmann-Kulisse und harmonierender Architektur ist ein bayerisches Gesamtkunstwerk.

Klein und weiß liegt St. Bartholomä mit seinen roten Zwiebeldächern auf einer Halbinsel im grün schimmernden Königssee. Unterhalb des Watzmanns, 2713 Meter hoch und die Nummer zwei in den deutschen Alpen, verströmt die im 12. Jahrhundert erbaute Wallfahrtskapelle einen Charme, der verzaubert. Wobei das Kirchlein für Wanderer von der Seelände, dem einzigen Zugang am See, gar nicht und für Kletterer nur sehr schwer erreichbar ist. Ein 20-minütiger Rundweg führt lediglich bis zum Malerwinkel mit herrlicher Sicht auf See, St. Bartholomä und Schönfeldspitze.

Elektroboote nach St. Bartholomä: tgl. 8.00 – 17.15 Uhr alle 30 Minuten (Ende April – Mitte Okt.) bzw. im Winterhalbjahr alle 45 Minuten; Fahrpreis: 11 Euro; www.berchtesgadener-land.com

Blick von Maria Gern auf den Watzmann.

Der Kön gssee ist acht Kilometer lang, aber nur maximal 1250 Meter breit. Die in der Eiszeit entstandene Senke zwängt sich fjordartig zwischen die Felsmassive Hagengebirge, Jenner und dem unvergleichlich majestätischen Watzmann. Seine Ostwand ist mit einer Höhe von 1800 Metern die höchste Felsflanke der Ostalpen. Ihre Durchquerung gehört zu den schwersten Klettertouren in Europa. Der Königssee wiederum ist mit bis zu 192 Metern der tiefste See Bayerns. Motorisierte Boote sind nur zugelassen, wenn sie Elektroantrieb haben, wie die heute 18 »Dampfer« der Bayerischen Seenschifffahrt, die von der Seelände seit 1909 regelmäßig nach St. Bartholomä schippern. Die Fahrt führt vorbei am Königsbachfall und an der Echowand, wo angehalten wird, um das Echo zu demonstrieren.

Neben St. Bartholomä, der liebevoll ausgestatteten Kapelle, die sich perfekt in die Landschaft integriert, sieht man auch das frühere Jagdschloss, das heute ein Gasthaus ist. Wer nicht wie die meisten der jährlich 500 000 Gäste das übliche Programm Kapelle, Watzmann-Blick und ein Bier haben möchte, macht sich auf eine Wanderung Richtung Eiskapelle, einem bemerkenswerten Gletschertor. Oder man fährt bis zum Anleger Salet und besucht den Obersee, dessen Ende der 400 Meter hohe Röthbach-Wasserfall, der am höchsten gelegene in Deutschland, markiert. Das Watzmann-Massiv bildet das Zentrum im Nationalpark Berchtesgaden, seit 1978 Deutschlands einziger Hochgebirgs-Nationalpark.

Tipp

Hoam geht´s! Der Almabtrieb ist jedes Jahr etwas Außergewöhnliches, besonders aber der von der Fischunkelalm am Obersee. Die Kühe werden dabei auf Booten über den Königssee zur Seelände gebracht. Dort bekommen sie ihren traditionellen Kopfschmuck und werden durch das Dorf Königssee in den heimischen Stall getrieben. Da sich der Almabtrieb nach dem Wetter richtet, können genaue Termine nur kurzfristig genannt werden. Als Stichtag gilt der Tag des Heiligen Michael, der 29. September.

Elektroboote bringen die Gäste nach St. Bartholomä, einem Kleinod bayerischer Architektur.

Würzburger Residenz

Die Fürstbischöfliche Residenz zu Würzburg gehört wegen ihrer Geschlossenheit zu den bedeutendsten Schlossanlagen des Barocks in Europa und wurde 1982 zum Weltkulturerbe der Menschheit ernannt. Balthasar Neumann war ihr Architekt.

Wer von der Festung Marienberg, dem besten Aussichtspunkt der streng katholischen Stadt Würzburg, über den Main aufs Zentrum blickt, sieht vor allem Kirchtürme – Spötter sagen: mehr als Häuser –, aber zunächst keine Residenz. Der ehemalige Sitz der Würzburger Fürstbischöfe, 1720 bis 1744 im Rohbau entstanden und bis 1780 fertig ausgestattet, versteckt sich hinter zwei Kirchen ...

Heute gehört die Residenz zu den wichtigsten barocken Schlossanlagen Europas und zählt zum Weltkulturgut der UNESCO. Die Planung wurde dem damals noch jungen

Residenzplatz; Bus: Linie 9 (Residenz) – nur Apr.– Okt., Linien 14, 18 (Stadttheater); Straßenbahn: Linie 1, 2, (Dom); tgl. 9.00 – 18.00 (Apr. – Okt.), 10.00 – 16.00 Uhr (Nov. – März); Eintritt: 5 Euro; www.wuerzburg.de

Für das weltberühmte, von Neumann stützenfrei überwölbte Treppenhaus schuf 1752 und 1753 der Venezianer Giovanni Battista Tiepolo das Deckenfresko mit den Allegorien auf die vier Erdteile – mit 18 mal 30 Metern eines der größten einteiligen Fresken überhaupt.

Die großartige Raumfolge mit ihrem Auftakt in Vestibül und Gartensaal führt durch das Treppenhaus und den Weißen Saal weiter in den ebenfalls von Tiepolo freskierten Kaisersaal. Die Wölbungen dieser Haupträume hielten dem verheerenden Residenzbrand von 1945 stand, während flankierende Räume zerstört oder stark beschädigt wurden. Erst 1987, als Abschluss des Wiederaufbaus, konnte das rekonstruierte Spiegelkabinett wiedereröffnet werden.

Insgesamt sind für die rund 330 000 Gäste pro Jahr mehr als 40 Schlossräume geöffnet, die eine reiche Fülle von Möbeln, Teppichen, Gemälden und anderen Kunstschätzen des 18. Jahrhunderts bergen. Die Galerie zeigt venezianische Malerei des 17. und 18. Jahrhunderts und ist ein Zweigmuseum der Bayerischen Staatsgemäldesammlungen.

Prunkender Barock prägt das Innere der Residenz. Im Bild die Hofkirche.

Vergleichsweise bescheiden wirkt die Außenansicht. An sonnigen Nachmittagen trifft man sich am Brunnen vor der Residenz.

Versailles diente als Vorbild für die Residenz – an der Gartenfront wird dies besonders deutlich.

und unbekannten Architekten Balthasar Neumann übertragen. Bauherr war Fürstbischof Johann Philipp Franz von Schönborn.

Tipp

Auf der Steinburg Einen Frankenwein trinken und den schönsten Würzburg-Blick ohne Trubel genießen: auf der Terrasse der Steinburg hoch über der Stadt mitten in den Lagen des Würzburger Stein, wo Silvaner, Müller-Thurgau, Riesling, Grau-, Weiß- und Spätburgunder gelesen werden (www.steinburg.com).

Zugspitze

2964 Meter hoch ragt die Zugspitze in den Bayerischen Alpen auf. Sie ist Deutschlands höchster Gipfel und besitzt mit dem Zugspitzplatt auch das höchstgelegene und schneesicherste Skigebiet der Republik. Die Erstbesteigung geschah im Jahr 1820.

Was gibt es Schöneres als Gipfelerlebnisse rund um den nördlichsten Alpengletscher? Die Zugabe Sonnenuntergang! Die »Himmelstürmerin«, wie die Tiroler Zugspitzbahn genannt wird, schwebt von Juni bis September in Vollmondnächten auf das Plateau des schroffen Kalkmassivs zum fulminanten Sonnenunter- und nicht weniger beeindruckenden Mondaufgang.

Der höchste Berg Deutschlands gehört zum Wettersteingebirge und liegt an der Grenze von Bayern zu Tirol. Das Zugspitzmassiv trägt zwei der wenigen deutschen Gletscher,

Bei Garmisch-Partenkirchen; Eibsee-Seilbahn (tgl. 8.00 bis 16.45 Uhr), Bayerische Zugspitzbahn ab Garmisch-Partenkirchen (tgl. 8.15 – 16.30 Uhr); Tiroler Zugspitzbahn ab Ehrwald-Obermoos (Österreich).www.zugspitze.de

den Schneeferner und den Höllentalferner. Bei schönem Wetter bietet sich eine grandicse Rundumsicht vom Piz Bernina über den Ortler, die Wildspitze bis zum Großglockner sowie nach München im Norden und nach Italien im Süden.

Mehrere Bergbahnen führen hinauf, sogar direkt von Garmisch-Partenkirchen aus, vom malerischen Eibsee sowie von der österreichischen Seite. Ihren Namen erhielt die Zugspitze übrigens durch die vielen Lawinenzüge an ihren Steilhängen.

Der Berg wurde erstmals 1590 namentlich erwähnt, doch das Massiv spielte lange Zeit weder wirtschaftlich noch touristisch eine Rolle. 1807 startete die erste Expedition. Die Erstbesteigung unternahm 13 Jahre später Leutnant Joseph Naus, der topografische Aufzeichnungen machte. Neben dem schon 1897 erbauten Münchner Haus, einer berühmten Alpenvereinshütte, gibt es dort oben die höchstgelegene Wetterstation und Postfiliale Deutschlands. 1900 wurde das meteorologische Observatorium an die bayerische Staatsregierung übergeben. Die Kreuzeckbahn ging 1926 in Betrieb. Sie war die erste Seilschwebebahn in Bayern; am 7. April 2002, nach 76 Jahren und 15 Millionen unfallfrei beförderten Fahrgästen, machte sie ihre letzte Fahrt. 1931 öffnete das »Hotel Schneefernerhaus« seine Türen und 50 Jahre später, am 11. Oktober, wurde die Kapelle Maria Heimsuchung durch den Erzbischof von München und Freising, Josef Kardinal Ratzinger, den heutigen Papst Benedikt XVI., geweiht. Inzwischen besuchen mehr als 400 000 Bergfreunde die Zugspitze pro Jahr.

Von der Aussichtsterrasse auf der Gipfelstation kann man bei Fernsicht bis nach Italien schauen.

Die letzten Meter zum Gipfel müssen auf Schusters Rappen bewältigt werden.

Oben am goldenen Gipfelkreuz endet der Massenauftrieb.

Tipp

Wandern leicht gemacht Wenn die Skier Pause haben, kommen die Wanderschuhe zum Einsatz. Auf dem Zugspitzplatt stehen drei Touren zur Auswahl, die auch für Kinder und Senioren zu schaffen sind: Der Gletscherwanderweg führt auch im Sommer über Schnee und Eis; die zweite Tour endet an der Karsthöhle und belohnt mit einem Blick bis Südtirol. Und der Rundwanderweg bietet mehrere Ruhebänke an. Die Gehzeit beträgt jeweils 30 bis 60 Minuten.

Berlin

»Schaustelle Berlin«: Mit diesem Slogan warb die Bundeshauptstadt, als sie die größte Baustelle der Republik (und Europas) war. Dabei gab es auch vorher schon genug zu schauen: Brandenburger Tor, Fernsehturm, Museumsinsel, Potsdamer Platz …

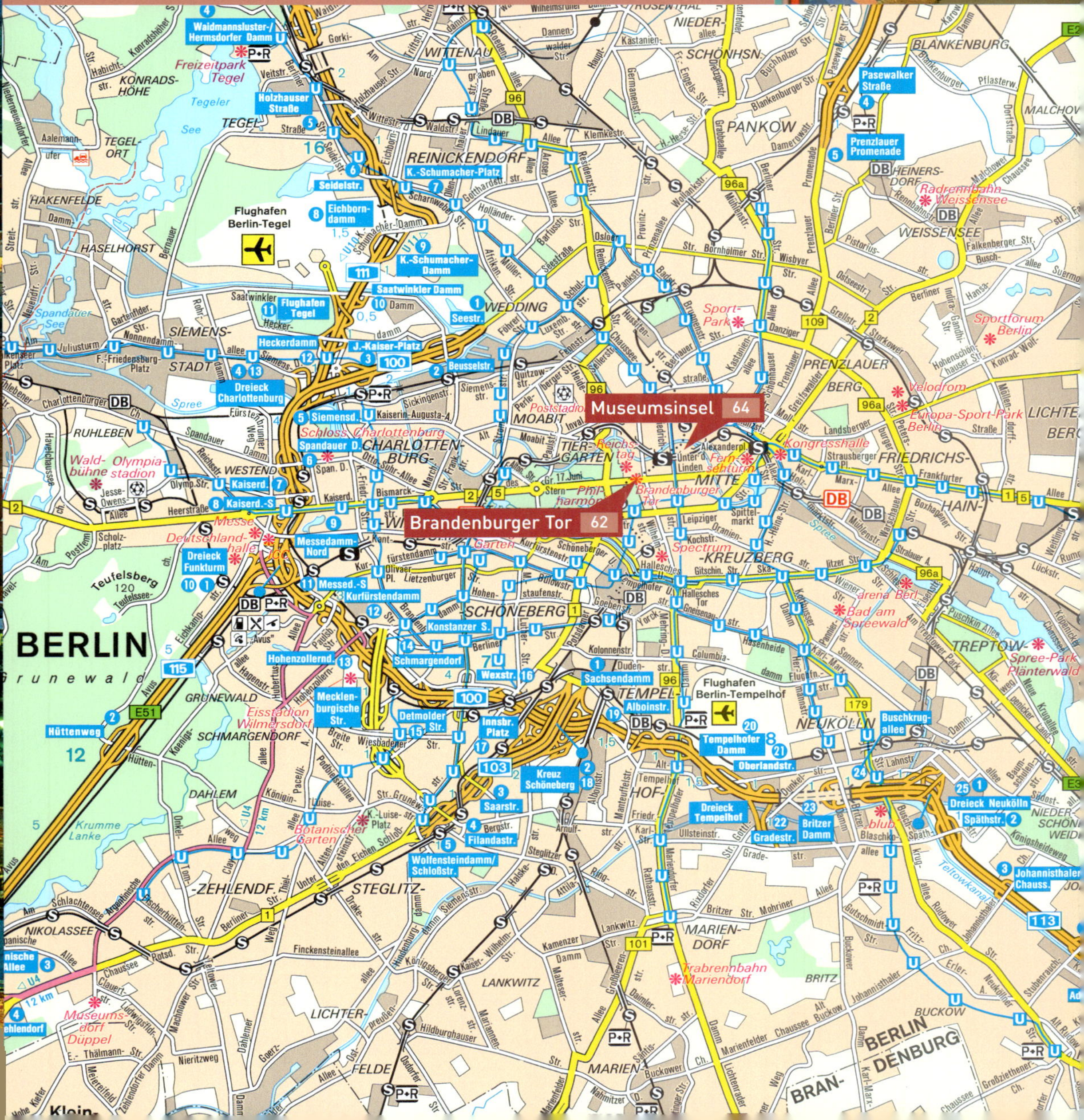

Brandenburger Tor

Das monumentale Brandenburger Tor, das Berliner Wahrzeichen und Symbol der überwundenen Teilung schlechthin, war und ist ein Zeuge deutscher Geschichte.

Es wurde auf Anordnung König Friedrich Wilhelms II. von 1788 bis 1791 nach Entwürfen von Carl Gotthard Langhans d. Ä. gebaut, um den Boulevard Unter den Linden nach Westen hin würdig abzuschließen. Das klassizistische Sandsteinbauwerk ist 26 Meter hoch (samt Quadriga), 65,5 Meter breit und 11 Meter tief. Das 5,6 Meter breite Mitteltor war für die Equipagen der königlichen Familie reserviert, die vier Seitentore ließen den öffentlichen Verkehr durch. Im Zweiten Weltkrieg erlitt das Tor sehr schwere Schäden, die erst 1958 beseitigt waren. Korrosion und die Schäden der Silvesterfeier

Pariser Platz, Mitte; S-Bahn: S 1, S 2, S 26 (Unter den Linden), Bus: Linien 100, 157, 348

1989/1990 machten eine weitere umfangreiche Restaurierung erforderlich. Das Tor ist heute für den Verkehr gesperrt.

Die 1793 aufgestellte Quadriga wurde weitgehend von Johann Gottfried Schadow entworfen und vom Potsdamer Kupferschmied Jury ausgeführt. Dessen Nichte Ulrike stand Modell für die Statue der Friedensgöttin Eirene und späteren Siegesgöttin Viktoria, die den Vierspänner lenkt. Napoleon ließ die Quadriga 1806 nach Paris bringen, von wo sie auf Veranlassung Blüchers am 14. August 1814 wieder zurückkehrte. Auf baldigen königlichen Befehl erhielt die Friedensgöttin von Karl Friedrich Schinkel eine neue Trophäe – das Eiserne Kreuz im Eichenkranz, gekrönt vom preußischen Adler – und wurde jetzt als Viktoria gedeutet. Die DDR-Staatsführung ließ diese Symbole entfernen; seit 1990 hält Viktoria sie wieder in der Hand.

Das Brandenburger Tor sah 1806 den Einzug der Franzosen und viele Siegesparaden, u. a. 1864, als die preußischen Truppen aus Dänemark zurückkehrten, 1866 aus Anlass des Feldzugs gegen Österreich und 1871 nach dem Sieg über Frankreich und der Gründung des Deutschen Reichs. Zu Beginn des Ersten Weltkriegs zog die Berliner Garnison feierlich hindurch und am 30. Januar 1933 marschierte die SA durch das Tor zur Wilhelmstraße, um Hitler zu feiern. Seit dem Mauerbau am 13. August 1961 war das Brandenburger Tor das Symbol der geteilten Stadt – die Mauer verlief unnmittelbar vor seiner Westseite. Wenige Wochen nach Öffnung der Grenzen am 9. November 1989 wurde auch das Brandenburger Tor am 22. Dezember feierlich wieder eröffnet. Am 3. Oktober 1990 feierten hier Hunderttausende die Einheit.

Weltbekannt als Symbol der Teilung Deutschlands ebenso wie deren Überwindung: das Brandenburger Tor.

Die Quadriga mit der Siegesgöttin, die das Tor krönt, blickt auf eine wechselvolle Geschichte zurück.

Tipp

Durchatmen. Für alle, denen die Berlin-Besichtigungstour vorübergehend zu viel wird oder die einfach nur mal Ruhe brauchen: Der »Raum der Stille« im nördlichen Torhaus des Brandenburger Tors bietet Besinnlichkeit im Trubel.

Bei abendlicher Beleuchtung wird der monumentale Charakter des Brandenburger Tors besonders spürbar.

Museumsinsel

Die weltberühmte, zwischen Spree und Kupfergraben gelegene Museumsinsel, im Jahr 2000 von der UNESCO in das Weltkulturerbe aufgenommen, ist das älteste Berliner Kunstzentrum und einer der bedeutendsten Museumskomplexe der Welt.

Ihren Ursprung hat sie im 1830 eröffneten Alten Museum, in dem König Friedrich Wilhelm III. die Kunstschätze der königlichen Schlösser öffentlich zugänglich machte. Friedrich Wilhelm IV. bestimmte 1841 das Gelände dahinter zu einem »der Kunst und der Altertums-Wissenschaft geweihten Bezirk«. 1843 bis 1855 entstand das Neue Museum, die Nationalgalerie wurde 1876 eingeweiht und 1904 folgte jenseits der Stadtbahn das Kaiser-Friedrich-Museum, das heutige Bodemuseum. 1909 begann der Bau des Pergamonmuseums, das jedoch erst 1930 fertig war. Im Zweiten Weltkrieg

Am Kupfergraben, Mitte; S- und U-Bahn: S 1, S 2, S 25, S 26, S 3, S 5, S 7, S 75, S 9, U 6 (Friedrichstraße); Di.–So. 10.00–18.00, Do. bis 22.00 Uhr; Eintritt: 12 Euro; www.smb.spk-berlin.de

um unterirdisch verbindet. An dem Kuriosum, dass mitten durch die Museumsinsel die S-Bahn rattert, wird allerdings nichts geändert.

Vier Gebäude, neun Museen: Das Alte Museum, Deutschlands ältestes Museum überhaupt, zeigt in der Antikensammlung griechische und römische Kunst und hat vorübergehend das Ägyptische Museum aufgenommen. In der Alten Nationalgalerie wird überwiegend deutsche Malerei des 19. und 20. Jahrhunderts präsentiert (Höhepunkte: die Gemälde Adolph Menzels und Caspar David Friedrichs sowie Schadows Skulptur der Prinzessinnen Luise und Friederike), während das Bodemuseum die Skulpturensammlung, das Münzkabinett und ca. 150 Gemälde aus der Gemäldegalerie am Kulturforum vereint. Schließlich als Höhepunkt das Pergamonmuseum, das seinen Namen vom einzigartigen Pergamonaltar hat: Hier sind die großen Stücke der Antikensammlung, das Vorderasiatische Museum (u.a. mit dem Ischtar-Tor aus Babylon) und das Museum für Islamische Kunst zu sehen.

In einem einzigartigen Ensemble – im Bild das Bodemuseum – beherbergt Berlin seine wichtigsten Kunstsammlungen.

Tipp

Die berühmteste Berlinerin! Wer die berühmteste Berlinerin sehen will, nämlich Nofretete, braucht nicht mehr nach Charlottenburg zu fahren. Das dortige Ägyptische Museum ist geschlossen. Seine schönsten Stücke, darunter natürlich die Kalkbüste der schönen Königin, sind im Obergeschoss des Alten Museums ausgestellt, bis das Neue Museum völlig wiederhergestellt ist. Dort hatte Nofretete bis vor dem Zweiten Weltkrieg ihren angestammten Platz.

Die Alte Nationalgalerie besitzt eine der bedeutendsten Sammlungen deutscher Kunst des 19. Jahrhunderts.

wurden die Gebäude zu etwa 70 % zerstört. Die vorher ausgelagerten Kunstgegenstände waren nach dem Krieg im geteilten Berlin verstreut. Nach dem Abschluss der voraussichtlich bis 2010 andauernden jetzigen Baumaßnahmen soll die Anordnung der Vorkriegszeit annähernd wieder realisiert werden.

Diese Baumaßnahmen sehen den Wiederaufbau des Neuen Museums vor, ein neues zentrales Eingangsgebäude und eine so genannte archäologische Promenade, die Bode-, Pergamon-, Neues und Altes Muse-

Brandenburg

Brandenburg ist Wasserland: Mehr als 3000 Seen, der Spreewald sowie weitere 30 000 Kilometer Flüsse, Bäche und Kanäle locken. Aber Brandenburg ist auch ein Kulturland: mit Sanssouci, Rheinsberg oder dem Kloster Chorin.

Schloss und Park Sanssouci Potsdam

Sanssouci ist französisch und heißt übersetzt: »ohne Sorge«. Genau das wollte Friedrich der Große sein und ließ deshalb das Schloss nach eigenen Skizzen als seine Sommerresidenz erbauen. Schloss und Park von Sanssouci sind seit 1990 Weltkulturerbe.

Die Anlage wird oft als preußisches Versailles bezeichnet. Dabei ist Schloss Sanssouci ein eher kleines, eingeschossiges, ganz auf die privaten Bedürfnisse des Königs zugeschnittenes Palais. Es war nur für ihn und ausgewählte Gäste bestimmt. Sogar von seiner Gemahlin Elisabeth Christine trennte er sich räumlich nach seiner Thronbesteigung 1740. Ihr wies er Schloss Schönhausen bei Berlin zu. Das Ohne-Sorge-Schloss war also auch »Sans Femmes« – ohne Frauen. Ganz im Sinne des Rokoko erhob es keinen repräsentativen Anspruch und trennte den privaten vom öffentlichen Bereich.

Westlich vom Potsdamer Stadtzentrum; Bus: Linie 695 (Schloss Sanssouci); zu Fuß ca. 10 – 15 Min. vom Zentrum; Di. – So. 9.00 – 17.00 (Apr. – Okt.), bis 16.00 Uhr (Nov. – März); Eintritt: 15 Euro; Park kostenlos

Palais oder die Historische Mühle sind unabdingbare Bestandteile des Ensembles. Die Schlossräume gelten als Höhepunkt der Raumkunst des 18. Jahrhunderts. Die besondere Ausprägung des Rokoko unter dem Einfluss Friedrichs des Großen führte zu dem Begriff »Friderizianisches Rokoko«.

In Sanssouci komponierte, musizierte und philosophierte der preußische Monarch in Bescheidenheit. Dort ist er am 17. August 1786 im Sessel seines Arbeitszimmers auch gestorben. »Ich habe als Philosoph gelebt und will als solcher begraben werden, ohne Gepränge, ohne feierlichen Pomp, ohne Prunk. Ich will weder geöffnet noch einbalsamiert werden. Man bestatte mich in Sanssouci auf der Höhe der Terrassen ... «, lautete sein letzter Wille. Sein Nachfolger Friedrich Wilhelm II. befolgte ihn nicht und ließ den Leichnam in der Potsdamer Garnisonskirche neben Friedrich Wilhelm I. beisetzen. Von dort wurde er nach Burg Hohenzollern gebracht; erst 1991 fand Friedrich der Große an dem von ihm gewünschten Ort seine letzte Ruhe. Auf der Grabplatte liegen immer einige Kartoffeln – der Monarch hatte sie in Preußen eingeführt.

Schloss Sanssouci – hier mit der Großen Fontäne und den Weinbergterrassen – gilt als Perle des Rokoko.

Das Konzertzimmer ist von Stilelementen des Rokoko geprägt.

Die Orangerie im Park Sanssouci wurde Mitte des 19. Jahrhunderts errichtet.

Wunderbar in eine Gartenlandschaft gebettet stellt Sanssouci zwar das Zentrum dar, aber die Weinbergterrassen, die mehr als zwei Kilometer lange Hauptallee zum Neuen

Tipp

Wahrhaft wundervoll nannte der Maler Carl Ludwig Häberlin schon 1855 die »Umschau« vom Belvedere auf dem Pfingstberg auf die Potsdamer Schlösser und Gärten – Recht hatte er! Der Aussichtspunkt entstand von 1847 bis 1863 nach Skizzen Friedrich Wilhelms IV.

Schloss Rheinsberg

Es war ein Lieblingsplatz Friedrichs des Großen und gab für Kurt Tucholsky die Kulisse für sein »Bilderbuch für Verliebte«: Schloss Rheinsberg ist Musenhof und Mythos zugleich und liegt wunderbar am Grienericksee in einem herrlichen englischen Landschaftspark.

Das Schloss – das Schloss musste unbedingt besichtigt werden!« Nicht wegen Aurora, der Morgenröte, die vor dem Schloss ihre Erotik zur Schau stellt. Nein, Wolfgang hat ja seine Claire in »Rheinsberg – ein Bilderbuch für Verliebte«, Kurt Tucholskys unpolitischem Werk über die Wochenendfahrt zweier junger Großstadtmenschen ins märkische Städtchen mit dem gleichnamigen Schloss. Rheinsberg war die Kulisse für sein Bilderbuch und ist gleichzeitig immer noch ein schlichtes, aber hinreißend schönes Schloss, das selbst Nichtverliebte in Wallung bringt.

Anfahrt: mit der Bahn von Berlin (vom Bahnhof ca. 20 Min. zu Fuß zum Schloss), mit dem Auto auf der A 24; Di. – So. 9.30 – 17.00 (Apr. – Okt.), 10.00 – 16.00 Uhr (Nov.– März)

Im Schlosspark richtet die Statue »Erde« ihren Blick zum Seeufer.

Die Rheinsberger Schlossanlage gab wesentliche Impulse für den Bau von Schloss Sanssouci in Potsdam.

Das Land Brandenburg besitzt mit grandiosen Schlössern wie Sanssouci oder weitgehend unbekannten Perlen wie Schloss Klessen eine reiche Auswahl, aber an die sinnlich-ruhige Atmosphäre von Rheinsberg reicht keines heran. Wie nur wenige Schlösser präsentiert sich Rheinsberg wie auf einer grandiosen Bühne in malerischer Lage am Grienericksee, umgeben von einem herrlichen Park und geschmückt mit Steinfiguren und dem großen Obelisken. Natur, Künste und amouröse Leichtigkeit sind eingebettet ins architektonische Gesamtensemble.

Friedrich der Große verbrachte als Kronprinz die glücklichste Zeit seines Lebens in diesem Schloss. Der Lebensabschnitt in diesem Musenhof im Stil des frühen Klassizismus endete erst 1740 mit der Thronbesteigung. In seinen »Wanderungen durch die Mark Brandenburg« setzte Theodor Fontane der Stadt ein literarisches Denkmal und bald darauf erfüllte Kurt Tucholsky in Schloss Rheinsberg eine unbeschwerte Liebe.

Wo sich heute das Schloss befindet, stand im Mittelalter eine Wasserburg. Zu DDR-Zeiten war darin eine Diabetikerklinik untergebracht. Heute wird die Schlossanlage mit Hauptgebäude, Rundturm, Tor- und Brauhaus von knapp 100 000 Touristen pro Jahr besucht. Sie gehört der Stiftung Preußische Schlösser und Gärten Berlin-Brandenburg und beherbergt auch das Kurt-Tucholsky-Literaturmuseum.

Tipp

Ruppiner Schweiz

Gemeint sind damit die Rinnenseen zwischen Rheinsberg und Neuruppin: Zermützelsee, Teetzensee, Molchowsee, Kalksee und Tornowsee, Der Reiz dieser Landschaft entspringt dem hier auf kleinem Raum stark bewegten, von der letzten Eiszeit geschaffenen Relief, in das die Wasserläufe tiefe und steilwandige Täler gesägt haben. Ein hübscher Ort ist die Boltenmühle, eine 1718 auf Geheiß Friedrich Wilhelms I. am Tornowsee errichtete Mühle und seit 1932 beliebte Ausflugsgaststätte.

Blick vom Schlosshof durch den Säulengang zum Westufer des Grienericksees.

ÄRZTE
RATHS APOTHEKE
Raths-Apotheke
Pharmacy
BECK'S BISTRO

Bremen

In Deutschlands kleinstem Bundesland wacht ein Ritter vor dem Rathaus: der Roland, Freiheitssymbol der alten Hansestadt. Seit 600 Jahren hüten die Bremer ihn wie ihren Augapfel. Denn es heißt: Nur solange er dort steht, ist die Existenz der schönen Stadt an der Weser gesichert.

Rathaus und Roland

Der Bremer Roland ist eine der ältesten und repräsentativsten Roland-Statuen, die als Symbol für Stadtfreiheit und Gerichtsbarkeit errichtet wurden. Gemeinsam mit dem spätmittelalterlichen Rathaus wurde die Figur 2004 zum Weltkulturerbe erklärt.

Bremen ist Deutschlands kleinstes Bundesland (nicht vergessen: auch Bremerhaven gehört dazu!). Umso stolzer war man an der Weser, als das Rathaus und der Roland zum UNESCO-Welterbe der Menschheit erklärt wurden. Beide Bauwerke waren und sind für die Geschichte der Freien Hansestadt von maßgeblicher Bedeutung. Und sie sind auch die ältesten der Stadt.

Die UNESCO würdigte das Ensemble als einzigartiges Zeugnis bürgerlicher Autonomie – auch im Verhältnis zur Kirche. Ein eigenes Haus für den Rat der Stadt, gleich neben

Marktplatz; Straßenbahn: Linien 2, 3 (Obernstraße); www.bremen.de

Das Bremer Rathaus wurde in den Jahren 1405 bis 1410 zunächst im gotischen Stil erbaut. 1595 bis 1612 versah Lüder von Bentheim den Backsteinbau mit einer prächtigen Renaissancefassade und machte es dadurch zu einem der Hauptwerke der so genannten Weser-Renaissance. Der reichhaltige Fassadenschmuck zeugt von meisterhafter Bildhauerkunst – die Menge der Figuren und Reliefs, die Körper, Köpfe, Engel und Fabeltiere sind kaum zu zählen. Das einzige europäische Rathaus des Spätmittelalters, das nie zerstört wurde, dokumentiert seine frühere Funktion als Gerichtsgebäude noch heute in der Großen Halle, einem der vornehmsten Festsäle Deutschlands, mit dem großen Wandgemälde »Das salomonische Urteil« von 1537. Auch das traditionelle Essen der Reeder und Schiffer, die Schiffermahlzeit, wird in dem 40 Meter langen Prunksaal eingenommen. Selbst durch den Anbau des neuen Rathauses zu Beginn des 20. Jahrhunderts verlor das historische Haus nichts von seiner Authentizität.

Mit Schwert und Schild hält der Bremer Roland vor dem Rathaus Wacht.

Kontrastreich stehen sie nebeneinander: Rathaus, Dom und das moderne Haus der Bürgerschaft.

dem Sitz des Erzbischofs und in gleicher Größe, kam einem Bekenntnis zum weltlichen Reich und zur Unabhängigkeit der Stadt gegenüber dem kirchlichen Landesherrn gleich.

Der steinerne Bremer Roland, im Jahr 1404 an Stelle eines 1366 als heidnisches Symbol niedergebrannten hölzernen Vorgängers errichtet, ist mit seinen fünfeinhalb Metern – mit Baldachin sogar knapp zehn Meter hoch – die größte der 55 in Europa existierenden Roland-Statuen. Er steht auf dem Marktplatz als Symbol für bürgerliche Autonomie und Souveränität des Stadtstaates Bremen.

In der Oberen Halle des Rathauses treffen sich die Gäste der Schiffermahlzeit.

Tipp

Universum Science Center In Bremen gibt es einen Erdbebenraum, in dem auf Knopfdruck gewaltig die Wände zittern, was die Knie ganz schön wackelig werden lässt. Auch das lichtlose Labyrinth ist eine unvergessliche Erfahrung. Und wenn das U-Boot zur Tiefseeforschung ablegt, macht das großen Eindruck. Das Universum Science Center in Bremen bietet Kindern und Erwachsenen einen spielerischen Zugang zu den Geheimnissen des Universums, indem die Wunder von Mensch, Erde und Kosmos erkundet werden (www.universum-bremen.de).

Leuchtturm Roter Sand

2005 wurde der Leuchtturm Roter Sand vor der Küste von Bremerhaven 120 Jahre alt. Er ist zwar längst nicht mehr in Betrieb, aber immer noch ein Wahrzeichen und mit seinem typisch rot-weißen Anstrich ein Paradebeispiel für einen Leuchtturm.

Leuchttürme gab es schon in der Antike. Berühmt war etwa der Leuchtturm Pharos vor der ägyptischen Stadt Alexandria, ein 50 Meter hoher Koloss, der 279 vor Christus errichtet wurde. Der Leuchtturm Roter Sand ist zwar zweieinhalb Meter höher, aber dagegen ein Jüngling: Bremerhavens Wahrzeichen wurde vor der Wesermündung in den Jahren 1883 bis 1885 gebaut. Aber er gehört zusammen mit dem Leuchtturm von Helgoland aus dem Jahr 1902 zu den ältesten noch existierenden Leuchtturmbauten in Deutschland und in der Nordsee.

In der Nordsee nördlich der Wesermündung, 11 km nordöstlich von Wangerooge; erreichbar mit dem Museumsschlepper »Goliath« ab Wilhelmshaven; Saison ist von Mai bis September; www.roter-sand.de

Vor der Wesermündung verrichtete der Leuchtturm Roter Sand 101 Jahre lang seinen Dienst.

Heute gibt es keinen Leuchtturmwärter mehr – dafür aber Gäste, die für kurze Zeit das Leben eines Leuchtturmwärters führen.

Von den Wellen des Meeres umtost, zündete Leuchtturmwärter Düsmann am 1. November 1885 die große Öllampe. Der Turm erzeugte nicht nur das erste Leuchtfeuer an der Wesermündung, etwa sechs Seemeilen – oder gut elf Kilometer – nordöstlich der Insel Wangerooge, sondern er galt in dieser Zeit auch als technisches Meisterwerk, musste doch zunächst der Senkkasten (oder Caisson) als Fundament in der stürmischen See verankert werden.

79 Jahre lang war der Leuchtturm im Dienst und zeigte Schiffen aus aller Herren Länder den Weg nach Bremerhaven. Bis 1974 lag der Turm in der Verantwortung des Wasser- und Schifffahrtsamts Bremerhaven. Dann gab es zahlreiche Überlegungen, was mit dem Roten Sand geschehen sollte: Abriss und Abbau des Oberteils sowie das Aufstellen des Turms an Land gehörten dabei zu den Alternativen. Aber es gab Proteste, sodass sich die Bremische Bürgerschaft 1978 einstimmig für den Erhalt des Turms an seinem angestammten Platz einsetzte. 1982 wurde er unter Denkmalschutz gestellt. Das Propangasfeuer erlosch schließlich am 12. November 1986 für immer. Das Uhrwerk und die Nebelglocke des Leuchtturms Roter Sand, die von 1888 bis 1964 ihren Dienst auf dem Turm taten, sind heute im Deutschen Schifffahrtsmuseum in Bremerhaven zu sehen. Ein Museumsschlepper verbindet das Bauwerk mitten im Meer mit dem Festland und bringt etwa hundert seefeste Besucher jährlich hinaus zum Roten Sand.

Tipp

Ganz allein Im Sommer können Touristen im Leuchtturm Roter Sand auch übernachten. Das Hotel zwischen Wind und Wellen bietet allerdings weder Luxus noch Service. Man versorgt sich selbst, hat dafür aber das Gefühl, dass einem das Meer alleine gehört. Die Fahrt mit dem Schlepper dauert gut drei Stunden. Dann warten zwei Tage Meer, Möwen und Einsamkeit (für 399 Euro, Tagesfahrt ab 59 Euro). Bei mehr als Windstärke vier ist ein Anlegen am Turm nicht möglich (www.bremerhaven-tourism.de).

Wer auf dem Roten Sand übernachtet, muss sich selbst versorgen. Die Küche ist einfach ausgestattet.

MH*W
тандартъ
Санктъ-Петербургъ

Hamburg

Das Hoch im Norden oder das Venedig Deutschlands? So unterschiedlich die Beschreibungen von Hamburg sind, so breit gefächert zeigen sich die Highlights der Hansestadt: von Reeperbahn bis Fischmarkt, von Alster bis Landungsbrücken.

Alster

Hamburg ohne Alster, das wäre wie ein Fisch ohne Wasser. Die aufgestauten riesigen Alsterbecken sind das Herz der Stadt und prägen ihr Bild. Ihre Ufer werden gleichermaßen als Flanier-, Einkaufs-, Sport- und Erholungsmeilen genutzt.

Streng genommen ist die Alster ein Nebenfluss der Elbe und 52 Kilometer lang. Kurz vor ihrer Mündung wird sie auf eine Fläche von 180 Hektar aufgestaut – und letztlich auch auf dieses Stück reduziert. Wer Alster sagt, meint in den meisten Fällen die Binnen- und Außenalster, die Hamburgs beliebteste, siebeneinhalb Kilometer lange Joggingstrecke umläuft.

Die Binnenalster mit überschaubaren 1,6 Quadratkilometern Größe gibt sich mondän mit der im Sommerhalbjahr markant und 35 Meter hoch sprühenden Alsterfontä-

Stadtmitte und Nordosten; U-/S-Bahn: U 1, U 2, S 1, S 3 (Jungfernstieg), von dort Fähre von der Binnen- zur Außenalster; Alsterrundfahrten: Apr. – Okt. tgl. 10.00 – 18.00 Uhr; Fahrpreis: 10 Euro; www.alstertouristik.de

ne. Besonders ihr Südende gilt als gute Stube Hamburgs: mit dem Prachtboulevard Jungfernstieg und eleganten Geschäften, Cafés und Hotels. Auf den Uferstraßen fahren Nobellimousinen, flanieren fein gewandete Menschen, machen Geschäftsleute eine Cappuccino-Pause. Im Becken gleiten weiße Segelboote im Wind und genießen Touristen auf den Alsterdampfern oder in Ruderbooten Hamburgs Herz aus Wasser.

In südlicher Richtung fließt die Alster durch kleine Kanäle weiter durchs Stadtgebiet zum Binnenhafen und mündet dort in die Elbe. Besonders die Kleine Alster, umgeben von Alsterarkaden und dem Rathaus, lohnt einen Besuch. Am Alsterfleet wiederum kommt Venedig-Atmosphäre auf: Einige der knapp 2500 Brücken in Hamburg überspannen es.

Ganz anders die weitläufige, gut 160 Hektar große Außenalster, die durch Lombards- und Kennedybrücke von der Binnenalster getrennt wird. Sie ist fast überall von Ufergrünstreifen und Parkanlagen gesäumt. Hanseatisch-bürgerliche Viertel wie Rotherbaum oder Harvestehude geben ihr eine noble Villenkulisse; der Alsterpark gehört zu den schönsten Erholungsgebieten der 1,7 Millionen Einwohner zählenden Hansestadt. Ein Muss ist eine Stadtrundfahrt auf dem Wasser, über Binnen- und Außenalster. Dabei ist Hamburgs Panorama mit Türmen, Kirchen und Villen besonders gut zu sehen. Es darf angenommen werden, dass ein Großteil der jährlich rund 18 Millionen Hamburg-Besucher mindestens einmal auch die Alster bewundert.

Es ist das Wasser, das den besonderen Reiz Hamburgs ausmacht – hier die Binnenalster vor dem Rathaus.

Auf der Außenalster tummeln sich Wassersportler und Ausflügler auf »Dampfern« der Weißen Flotte.

Tipp

Boot fahren Ein Ruderboot oder Kanu zu mieten gehört zum Alster-Genuss. Wie auf Bangkoks Klongs – nur in saubererem Wasser – darf an einer Stelle sogar vom Boot aus Kaffee und Kuchen geordert werden: am Mühlenkampkanal beim »Café Canale« (Poelchaukamp 7, tgl. 10.00 – 19.00 Uhr).

Im Sommer kämpft sich die Weltelite der Triathleten durch das kühle Alsterwasser – für die Alsterarkaden haben die Sportler dann keinen Blick.

Hamburger Hafen

Der Hamburger Hafen gehört mit 75 Quadratkilometern Fläche zu den wichtigsten Häfen der Erde. 12 000 Seeschiffe machen pro Jahr am Tor zur Welt fest. Besonders interessant sind für Besucher die Landungsbrücken sowie dahinter die Reeperbahn.

An den rund 700 Meter langen schwimmenden Pontons der Landungsbrücken ist Platz für kleine Barkassen und große Ausflugsdampfer. Seebären mit Kapitänsmützen werben für Hafenrundfahrten, die zehn Euro kosten. Aber von hier gehen auch regulär verkehrende Fähren ab. Zum Beispiel in Richtung Lühe/Altes Land, wo man in einer Dreiviertelstunde (für 4,40 Euro) auf der Elbe, begleitet von Riesenfrachtern, bis nach Blankenese schippern kann.

Längst haben die Landungsbrücken ihre ursprüngliche Bedeutung verloren, als

St. Pauli zwischen Stadtmitte und Altona; U 3 (Landungsbrücken), S 1 und S 3 (Landungsbrücken und Reeperbahn); www.hamburg-tourismus.de

1839 die Anlegestation für den Dampfschiffverkehr nach Übersee gebaut wurde. 1909 kam das 200 Meter lange, unter Denkmalschutz stehende Empfangsgebäude aus Sandstein dazu, und in den 1950er-Jahren gestaltete man die Pontonmeile, wo heute flaniert und diniert wird.

Vom Promenadendeck hat man den besten Überblick über die Landungsbrücken und den Hafen, der jährlich sechs Millionen Besucher anlockt und der größte Hafen Deutschlands, der zweitgrößte Europas und der siebtgrößte weltweit ist.

Aber auch die Reeperbahn wartet mit ähnlichen Zahlen auf: Vier Millionen Menschen suchen jährlich den Hauch des Verbotenen, den Ruch von käuflichem Sex auf der quer durch St. Pauli verlaufenden, weltberühmten Sündenmeile. »Auf der Reeperbahn nachts um halb eins« – der Evergreen von Hans Albers ist auch nach 50 Jahren nicht verklungen. Die Reeperbahn ist zwar nur 600 Meter lang, aber es wetteifern 400 Lokale – auch auf gehobenem Niveau –, 32 Discos, 50 Bordelle, neun Stripbars, fünf Sado-Maso-Treffs, 17 Sexshops, 22 Spielhallen, ein Casino und sechs Theater um die Gunst des Publikums. Der Spielbudenplatz als kultureller Mittelpunkt, die Davidswache, das für St. Pauli zuständige Polizeirevier 15, durchs Fernsehen zur bekanntesten Wache Deutschlands avanciert, die angrenzende Große Freiheit, die mit dem gleichnamigen Hans-Albers-Film und durch Auftritte der Beatles berühmt wurde, sowie die Bordellgasse Herbertstraße sind international bekannte Eckpunkte.

Die Reeperbahn – das ist eine wilde Mischung aus Sexshops und Nachtclubs, Theatern, Kneipen und Kaschemmen.

Abendliche Stimmung auf den St.-Pauli-Landungsbrücken. Sie bilden eine riesige schwimmende Insel, die sich mit Ebbe und Flut ächzend hebt und senkt.

Rund um die Reeperbahn gilt die große Freiheit. Hier eine Show im »Dollhouse«.

Tipp

Miniatur Wunderland 9 km Gleise, 700 Züge mit 10 400 Waggons, 2800 Häuschen und Brücken ... Das Miniatur-Wunderland in Hamburgs Speicherstadt ist schon jetzt die größte H0-Modelleisenbahnanlage der Welt und sie wird bis 2014 noch viel größer werden! Glänzende Augen, vor allem bei Vätern und Söhnen, sind garantiert, ob sie nun über den Abschnitt Amerika, über Küste/Hamburg oder Skandinavien staunen (Speicherstadt, Kehrwieder 2-4 Block D, tgl. ab 8.30 Uhr; Erw. 9 Euro, Kinder 4 Euro)

Hessen

Deutschlands Zentrum sorgt für Verbindung und Geschäfte weltweit: Die Banken dominieren Frankfurt, der Flughafen ist der größte Kontinentaleuropas. Kloster Lorsch schrieb Wissenschaftsgeschichte und in der Rhön herrscht Idyll.

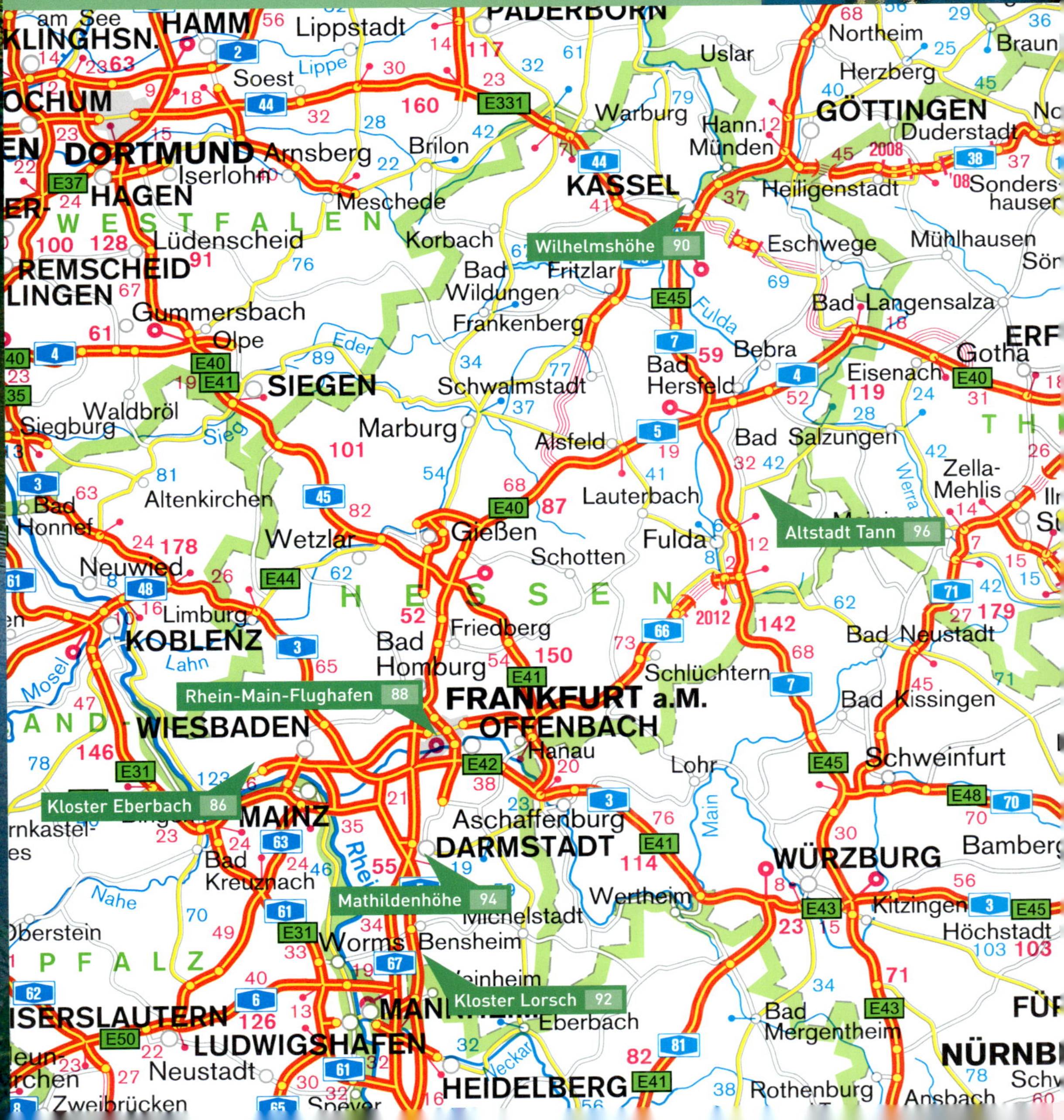

Kloster Eberbach

Wo 850 Jahre lang Wein gekeltert wurde, waren Klosterbrüder in der Regel nicht weit. So ist es auch in der Nähe von Eltville, in der ehemaligen Zisterzienserabtei Eberbach, die heute Hessens bedeutendstes mittelalterliches Kulturdenkmal ist.

Die längste Zeit hatten die Zisterzienser das Sagen. Jener Orden, der 1098 als Reformbewegung aus den Benediktinern hervorgegangen ist mit der Absicht, das vom heiligen Benedikt geprägte Mönchtum in aller Strenge zu erneuern. Die Grundregel ora et labora, Lebe und Arbeite, sollte neu interpretiert werden. Einer der führenden Köpfe seiner Zeit war Bernhard von Clairvaux. Und er war es auch, der 1136 mit zwölf weiteren Mönchen ins Rheingau kam und die Abtei Eberbach gründete, eine von insgesamt 355 Zisterzienserabteien. Bei den Ansiedlungsplätzen wurde stets auf wasser-

Ca. 3 km nordwestlich von Eltville; Bus 5482 von Eltville; tgl. 11.00 – 17.00 (Nov. – März), 10.00 – 18.00 Uhr (Apr. – Okt.); Eintritt: 3,50 Euro; www.kloster-eberbach.de

reiche, aber auch abgeschiedene Täler mit einem Steinbruch fürs Baumaterial Wert gelegt. Eberbach mit seinen eindrucksvollen Gebäuden aus dem 12. bis 14. Jahrhundert ist so gesehen, aber auch in Fragen der Architektur und Formgebung, ein idealtypisch erhaltenes Beispiel eines Zisterzienserklosters.

Im ehemaligen Laienrefektorium erinnern historische Keltern an die jahrhundertealte Weintradition des Klosters.

Die Geschichte des Klosters liest sich wie ein Spiegel der Epochen und Konflikte. So stand die Gründungszeit unter dem Vorzeichen der Reform des Klosterwesens, widergespiegelt durch die Schlichtheit romanischer Architektur. Das Hoch- und Spätmittelalter brachte die Gotik, sichtbar etwa in den Mönchsgemächern, dem Kapitelsaal oder in der Basilika. Es folgten Bauernkriege, Religionsstreit, Dreißigjähriger Krieg und unter anderem große Verluste in der Bibliothek. Während des Absolutismus schwenkten sogar die Mönche auf eine barocke Pracht um, sichtbar am Mönchsrefektorium und Neubauten wie Orangerie und Abtshäuschen. Während der Säkularisation wurden große Teile der Ausstattung weggenommen und im 19. Jahrhundert diente das Klausurgebäude etwa als Frauengefängnis und Irrenanstalt. Der Kinohit und Mönchskrimi »Der Name der Rose« mit Sean Connery wurde zum Teil in Eberbach gedreht.

Das lichte Mönchsdormitorium ist ein 72 Meter langer zweischiffiger Saal aus dem 13. Jahrhundert.

Tipp

Weinführungen in Kloster Eberbach sind anders: Beim Rundgang lauscht man zunächst den Berichten über die Geschichte der Abtei, ehe schließlich das feine Bukett und die nuancenreichen Aromen der Weine geschmeckt werden. Alle Kostproben sind Eigengewächse der Hessischen Staatsweingüter Kloster Eberbach (ab 20 Euro).

Rhein-Main-Flughafen Frankfurt

Frankfurt am Main beherbergt Deutschlands größten Flughafen. Die Stadt wird deshalb im fernen Ausland gerne auch als deutsche Hauptstadt angesehen. Auf jeden Fall aber verbindet Rhein-Main Deutschland mit der Welt.

Planespotter sind Leute, deren Hobby es ist, Flugzeuge zu fotografieren. Man trifft sie immer dort, wo Maschinen mit Sonderlackierungen oder ausgefallene Flugzeugtypen landen oder auch mal der eine oder andere Oldtimer seine Aufwartung macht. Frankfurt Rhein-Main ist deshalb ihr beliebtester Platz: Dort landen jeden Tag im Durchschnitt mehr als 1300 Flugzeuge, alle 30 Sekunden eines. 150 Fluggesellschaften sind in Frankfurt registriert und mehr als 300 Ziele in 112 Ländern werden ab Rhein-Main angeflogen. Insgesamt rangiert FRA – so der internationale Flughafen-Dreiletter-

10 km südwestlich der Stadtmitte; Anfahrt: S 8 und 9, Bus 61, 62 und 73; Informationen im Airport Forum tgl. 9.00 – 18.00 Uhr; www.airportcity-frankfurt.de

Gigantisches Gewirr von Rolltreppen, Laufbändern, Gängen und Hallen: der Rhein-Main-Flughafen Frankfurt.

Damit stellt der Flughafen die größte lokale Arbeitsstätte in Deutschland. Nochmals doppelt so viele Menschen arbeiten als Zulieferer im Umland. Fast 20 Quadratkilometer Betriebsgelände, drei Startbahnen, 199 Flugzeugabstellpositionen, eine 67 Kilometer lange Gepäckbeförderungsanlage mit einem Tagesrekord von 116 529 Gepäckstücken, 386 Check-In-Schalter, 6500 Gepäckwagen und 14 500 Autoparkplätze – die Zahlenreihe der Superlative ließe sich beinahe beliebig fortsetzen.

Frankfurts Flugzeitalter begann 1909 mit der internationalen Luftschifffahrtsaustellung. 1936 wurde der heutige Flughafen eröffnet. Mit den Luftschiffen »Graf Zeppelin« und »Hindenburg« begann der Atlantikdienst. Nach dem Zweiten Weltkrieg hoben schon 1946 wieder Zivilflugzeuge ab. 1970 landete der erste Boeing 747 Jumbojet, eine Maschine der Pan Am. Das moderne Terminal 2 kam 1994 hinzu. Und jetzt warten alle auf den doppelstöckigen Super-Airbus A 380.

Tipp

Plane Spotting Da die Besucherterrasse auf unbestimmte Zeit wegen Modernisierungsarbeiten geschlossen ist, bieten sich Flughafen-Rundfahrten von 45 Minuten bis zweieinhalb Stunden an, um Rhein-Main kennen zu lernen. Oder man macht es wie manche Planespotter: Dazu fährt man in den Stadtteil Zeppelinheim ans Ende der Flughafenstraße, wo die A 5 kreuzt und die Jets in etwa 50 Metern Höhe über die Köpfe hinwegdonnern.

code – in Europa vom Passagieraufkommen gesehen hinter London Heathrow und Paris Charles de Gaulle mit mehr als 52 Millionen Fluggästen jährlich auf Platz drei. Bei der Luftfracht ist FRA mit 1,9 Millionen Tonnen Volumen pro Jahr sogar die Nummer eins des Kontinents.

Der zweitgrößte deutsche Flughafen, München, folgt in allen Belangen mit großem Abstand hinter dieser Flughafenstadt mit allen dazu gehörenden Einrichtungen. Sie hat einen Fernbahnhof, ist seit 2001 börsennotiert und bietet 68 000 Menschen Arbeit.

Zum Greifen nah überfliegen die Jets beim »Frankfurter Kreuz« die Autobahn.

Wilhelmshöhe Kassel

Herkules – auf der Wilhelmshöhe von Kassel steht er als Neun-Meter-Figur auf einem 62 Meter hohen Oktogon. Die wie mit dem Lineal gezogene Wilhelmshöher Allee unterstreicht die Klasse dieses grandiosen Barock-Bauwerks.

Fleißigen Bahnfahrern, die zwischen dem Norden und dem Süden der Republik pendeln, ist der Name Kassel-Wilhelmshöhe sehr vertraut. Es ist einer der wenigen wichtigen deutschen Bahnhöfe, die nicht die Marke Hauptbahnhof tragen. In der Metzgerei denken bei Kassel alle an Rippchen (obwohl sie vom Berliner Metzgermeister Cassel erfunden wurden), während Kulturbeflissene die ganze Stadt mit der Documenta gleichsetzen. Nur die Freunde monumentaler Statuen verbinden Kassel sofort mit dem Herkules auf der Wilhelmshöhe, von welcher der Leibarzt von Kaiser

Westlich vom Stadtzentrum; Straßenbahn: Linie 1 (Wilhelmshöhe) oder 3 (Brabanter Straße); 15. März bis 15. Nov. tgl. 10.00 – 17.00 Uhr; Eintritt: 4 Euro; www.wilhelmshoehe.de

Wilhelm I. einst sagte: »In Wilhelmshöhe ist jeder Atemzug einen Taler wert!«

Seine Nase misst 25, der große Zeh 35 Zentimeter. Die Kopfhöhe einschließlich Bart liegt bei 1,55, der Brustumfang bei 4,90 und insgesamt ist der Kassler Herkules 9,20 Meter groß. Das Wahrzeichen der Stadt aus Basalttuffstein war zwar einst auf dem Oktogon und der Pyramide gar nicht vorgesehen. Aber per Dekret von 1713 kam der griechische Halbgott und Sohn des Zeus und der Alkmene doch noch auf den monumentalen Dekorativbau.

Alles begann 1696 mit dem Wassersammelbecken, aus dem auf Wunsch von Landgraf Karl die Wasserspiele im Park Wilhelmshöhe hervorgingen. Das barocke Werk mit dem gewaltigen Schloss, der Herkules-Statue und der 250 Meter langen Kaskade mit 885 Wasserstufen entstand zu Beginn des 18. Jahrhunderts. Schloss und Schlosspark dienten bis 1866 den Landgrafen und Kurfürsten von Hessen-Kassel. Danach nahmen die preußischen Könige und deutschen Kaiser Besitz davon und nutzten die Anlage als Sommerresidenz.

Heute pilgern 150 000 Besucher pro Jahr auf die Wilhelmshöhe, um das achteckige Schloss mit der Herkules-Figur zu bewundern, die man von Westen schon von Weitem sieht. Schloss Wilhelmshöhe beherbergt auch drei Museen: das Schlossmuseum mit kostbarem Mobiliar, die Gemäldegalerie Alter Meister und die Antikensammlung. Unter anderem sind Werke von Rembrandt und Rubens ausgestellt sowie der »Kasseler Apoll«, die besterhaltene römische Kopie des möglicherweise von Phidias stammenden, verloren gegangenen griechischen Originals.

Die Skulptur des griechischen Halbgotts Herkules ist das Wahrzeichen der Stadt Kassel.

Nach Einbruch der Dunkelheit verwandeln sich die Wilhelmshöhe und der Herkules mit seinen Kaskaden in ein leuchtendes Schauspiel.

Unter der »Teufelsbrücke« stürzt das Wasser der Kaskaden zehn Meter tief in den »Höllenteich«.

Tipp

Herkules bei Nacht Nachts verwandeln sich Wilhelmshöhe, Herkules und Kaskaden in ein leuchtendes Schauspiel. Von Scheinwerfern angestrahlt, wirft der Basalttuff das Licht zurück, während der kupferne Herkules hell im Nachthimmel leuchtet. Die Nischen und Vertiefungen des Oktogons werfen dazu interessante Schattenspiele. Zusätzlich finden im Sommer jeden ersten Samstag im Monat die beleuchteten Wasserkünste statt, wenn auch Kaskaden, Aquädukt und Große Fontäne angestrahlt werden.

Benediktinerabtei Lorsch

764 wurde die Benediktinerabtei in Lorsch gegründet. Ihre Königshalle zählt zu den besten Zeugnissen karolingischer Baukunst und wurde zum Weltkulturerbe deklariert. Aber auch erste medizinwissenschaftliche Schritte wurden dort unternommen.

Manchmal wird die wunderbare Königshalle auch Torhalle genannt. Kein Wunder: Kann man doch durch die drei Bogentore einfach hindurch spazieren. Zwar sind weder die Bauzeit noch die ursprüngliche Funktion des Gebäudes bekannt, aber dennoch spürt man an diesem Platz eine gewaltige historische Dimension.

Sicher ist nur, dass dieses Kloster schon im Jahr 764 gegründet wurde. Dass es eines der bedeutendsten Klöster Mitteleuropas war, in dem karolingische Persönlichkeiten begraben waren. Und dass es Bestand hatte

Anfahrt: Bahn ab Mannheim, vom Bahnhof 10 Min. zu Fuß, Auto: A 5 und A 67; tgl. 10.00 – 17.00 Uhr; www.kloster-lorsch.de

Detail der Torhalle: Das Kapitell verweist auf antike Einflüsse.

Die Königs- bzw. Torhalle im Kloster Lorsch gehört zu den bedeutendsten Relikten vorromanischer Baukunst in Deutschland.

bis zur Reformation 1556. Klöster wie Lorsch galten als Zentren des Wissens und der Vermittlung von Wissen. Eine entsprechend herausragende Bedeutung hatte demnach auch die Bibliothek. Zu ihr gehört das » Lorscher Arzneibuch«, das neben antiken Rezepturen auch eine Rechtfertigung der antik-heidnischen Heilkunde aus christlicher Sicht enthält. Das war im Europa um 800 alles andere als eine Selbstverständlichkeit. Daher kann man mit Recht behaupten, dass mit diesem Buch die ersten Schritte in Sachen Medizinwissenschaft getätigt wurden. Vor kurzem hat man in Lorsch einen Kräutergarten angelegt, wie er in dem 1200 Jahre alten Werk beschrieben wurde.

Die Mauern der einstigen Abtei umfassten eine kleine Stadt, in der nicht nur Mönche lebten. Die mit roten und weißen Steinplatten verkleidete Königshalle dürfte schon damals zu den Prunkgebäuden gezählt haben. Aber auch über die Kirche wurde berichtet. Die Klosterchronik hebt ihre kostbare Ausstattung besonders hervor, was auch einige Fundstücke belegen. Nachdem spanische Truppen im Dreißigjährigen Krieg das Terrain verwüstet hatten, diente die Abtei in der Folge lange Zeit nur als Steinbruch.

Das UNESCO-Weltkulturerbe umfasst neben dem Benediktiner- auch das Lorscher Mutterkloster Altenmünster, das zu Fuß bequem zu erreichen ist.

Tipp

Rauchen ist ungesund Seit 1670 wurde rund um Lorsch gut 300 Jahre lang Tabak angebaut. Die letzte Zigarrenfabrik schloss erst 1983. Diese Geschichte arbeitet das Tabakmuseum auf, eine der drei Abteilungen des Museumszentrums von Lorsch. Aus stillgelegten Zigarrenfabriken wurde der Maschinenpark erworben und die im »Guiness-Buch der Rekorde« eingetragene größte rauchbare Pfeife der Welt ist auch zu sehen. Außerdem wird auf das Thema Rauchen und Gesundheit eingegangen.

Jahrhunderte lang wurde in Lorsch Tabak angebaut, zu dessen Verarbeitung auch die Räumlichkeiten des Klosters genutzt wurden. Das Tabakmuseum Lorsch präsentiert exquisite Exponate zu diesem Aspekt der Lorscher Geschichte.

Mathildenhöhe Darmstadt

Die Mathildenhöhe in Darmstadt war eine Hochburg der Jugendstilbewegung. Bis zu 23 Mitglieder hatte die Künstlerkolonie um den Wiener Architekten Joseph Maria Olbrich, die Großherzog Ernst Ludwig 1899 ins Leben rief und auch förderte.

Fragt man einen Darmstädter nach der Mathildenhöhe, schaut er, als ob man vom Mond käme. Mathildenhöhe – das reicht alleine nicht. Und die Frage wird zur Gegenfrage: Was genau ist gemeint? Mathildenhöhe bedeutet in Darmstadt das Institut mit wechselnden Ausstellungen, das Museum mit seiner Jugendstilsammlung und das gesamte Ensemble, das sich um den zum Wahrzeichen Darmstadts gewordenen Hochzeitsturm gruppiert.

Der Turm wurde von 1905 bis 1908 zur Erinnerung an die Hochzeit des Großherzogs

Östlich vom Stadtzentrum; Bus: F (Oberwaldhaus); Ausstellung: Di. – So. 10.00 – 18.00, Do bis 21.00 Uhr, Eintritt: 5 Euro; Museum Di. – So. 10.00 – 17.00 Uhr, Eintritt: 3 Euro; www.mathildenhoehe.info

»Eine Stadt müssen wir erbauen, eine ganze Stadt! Alles andere ist nichts!«, sprach Joseph Maria Olbrich, eine der treibenden Kräfte der Künstlerkolonie, zu der sich Paul Bürck, Patriz Huber, Hans Christiansen und andere gesellten, allesamt Multitalente, Architekten, Maler, Bildhauer und Kunsthandwerker in einem. Denn Darmstadt ging es um Größeres – es ging um die Gestaltung einer neuen Lebenswelt. Anfang des 20. Jahrhunderts galt die Mathildenhöhe als Tempel der Architektur. Auch Walter Gropius, Mies van der Rohe und Le Corbusier holten sich dort Inspirationen.

Im Institut oder Ausstellungsgebäude und besonders im Museum Künstlerkolonie wird dieser Aufbruch dokumentiert. Gezeigt wird ein Querschnitt der entstandenen Werke der jungen Künstler von der Gründung bis zur Auflösung 1914, vom Weltentwurf bis zum Design einer Untertasse, die schließlich auch ein Teil des Gesamten ist. Rund 60 000 Besucher zählt man jährlich im Ensemble Mathildenhöhe.

Der Hochzeitsturm symbolisiert eine Schwurhand, passend zum Anlass seiner Errichtung, einer Trauung.

Das Museum Künstlerkolonie widmet sich der 15-jährigen Geschichte der Darmstädter Künstlergemeinschaft – im Bild der Goldene Salon.

Ernst Ludwig mit Prinzessin Eleonore errichtet, und zwar als Geschenk der Darmstädter Bürger an ihren Regenten. Das Gebäude reicht sieben Stockwerke hoch, innen finden sich eine Bibliothek sowie Zimmer für das großherzogliche Paar. Der Architekt war Josef Maria Olbrich, der 1899 vom Großherzog an die Künstlerkolonie berufen wurde und mit dem 48 Meter hohen Turm aus Backstein ein recht exzentrisches Gebilde mit um die Ecken geführten Fensterbändern und einem eigenwilligen Abschluss mit fünf Zinnen schuf. Das oberste Geschoss bietet eine schöne Aussicht.

Tipp

Orthodox Die Russische Kapelle wirkt wie ein Fremdling zwischen den Jugendstilgebäuden auf der Mathildenhöhe. Aber der russische Zar Nikolaus II. heiratete die Darmstädter Prinzessin Alexandra und wünschte während der Besuche ein eigenes Gotteshaus. Noch heute finden darin orthodoxe Gottesdienste statt. Ansonsten kann die Russische Kapelle in den Kernzeiten von 9.00 bis 17.00 Uhr besucht werden.

Mit blattgoldenen Kuppeln prunkt die »Russische Kapelle« – reizvoller Kontrast zur Jugendstilarchitektur des Hochzeitsturms.

Altstadt Tann

Tann in der Rhön, dessen Altstadt Prunkstücke wie das zweitürmige Stadttor oder das Elf-Apostel-Haus vorzuweisen hat, war bis 1990 an drei Seiten vom Eisernen Vorhang umgeben. Erste Belege der Stadtgeschichte stammen aus dem Jahr 1197.

Wer auf Spurensuche in die hessische Rhön fährt, stößt auf irische Mönche, die im 7. Jahrhundert im Ulstertal siedelten. Die Klosterbrüder kamen nach Buchonia, ins Buchenland, wie die zu dieser Zeit noch ausschließlich mit Buchen bewachsene Rhön hieß, um das Christentum zu lehren. Der Name Ulster geht auf die Mönche zurück, die das Flüsschen ihrer neuen Heimat nach dem Gewässer ihrer Herkunft in Nordirland benannt haben sollen.

Bekannt wurde Tann aber erst durch die Reichsfreiherren von und zu Tann im hohen

Im hessischen Teil der Rhön ca. 25 km nordöstlich von Fulda; Bahn: bis Fulda und weiter per Bus, Auto: über A 7 und A 66; www.tann-rhoen.de

Mittelalter. Nach dem Zweiten Weltkrieg wurde das Städtchen mehr als 40 Jahre lang an drei Seiten von der innerdeutschen Grenze halbinselförmig eingeschnürt. Nach der Wende lag Tann aber auf einmal wieder im Herzen Deutschlands. Heute hat der 5000-Einwohner-Ort mitten im Naturpark Rhön den Status eines staatlich anerkannten Luftkurorts. Er ist umgeben von Wäldern und Wiesen, Bächen und Hügeln der abwechslungsreichen Landschaft mit gut markierten Rundwanderwegen um die nahen Habelberg und Engelsberg.

Tann ist eine historisch geprägte Stadt mit einigen Sehenswürdigkeiten und Museen, die immerhin 40 000 Übernachtungsgäste pro Jahr anziehen. Zu den Highlights gehört das Elf-Apostel-Haus, das um 1500 gebaut wurde. Es zeigt Christus und zehn der Apostel, der Elfte und der Zwölfte gingen verloren. Auch das Renaissance-Stadttor mit zwei Türmen von 1557 ist markant. Zum Schlossbrunnen von 1686, dem Stadtbrunnen von 1710 oder der Sankt-Nikolaus-Kirche von 1741 gesellen sich zudem schöne Fachwerkhäuser des 17. und 18. Jahrhunderts wie das Ochsenbäckerhaus. Auch die Schlossanlagen der Freiherren von und zu Tann sind durchaus sehenswert: Sie stammen aus dem 16. und 18. Jahrhundert.

Daneben zählen Besichtigungen des Rhöner Museumsdorfs, in dem verschiedene Gehöftformen das bäuerliche Leben in der Rhön veranschaulichen, und des Naturmuseums, das die Tier- und Pflanzenwelt des kleinen Mittelgebirges von der Eiszeit bis heute mit guten Präparaten zeigt, zu den Programmpunkten.

Seit über 450 Jahren bietet es der Stadt seinen Schutz: Tanns Stadttor.

Das Museumsdorf Tann ist ein aus drei Anwesen bestehendes Dörfchen mitten in der Stadt, in der Nähe des Marktplatzes. Es bewahrt die heimische Tradition und Baukunst.

Das Elf-Apostel-Haus ist das älteste Bürgerhaus der Stadt. Die Apostel sind in einer Reihe oberhalb des Türsturzes verewigt.

Tipp

Wie es war 1987 wurde die Informationsstelle Grenze zur DDR eingerichtet. Mit dem Zusatz »ehemalig« wird sie bis heute weitergeführt. Die Ausstellung vermittelt die Geschichte der deutschen Teilung. Ein Modell zeigt die Grenzsperranlagen, weiterhin zu sehen sind Waffen, Utensilien und Uniformen der DDR-Grenztruppen. Und ein pensionierter Zollbeamter, der den Alltag der Grenze über Jahrzehnte hautnah miterlebt hat, macht die Führungen.

103
11

Mecklenburg-Vorpommern

»Meck-Pomm« ist der große Liebling im Osten: Das Land der 1000 Seen und 2000 Burgen, Schlösser und Herrenhäuser ist ursprünglich und attraktiv. Es bietet mit Wismar Weltkultur und mit dem Ferienparadies Rügen die größte Ostseeinsel.

Mecklenburgische Seenplatte

Nirgendwo in Mitteleuropa findet man ein größeres zusammenhängendes Wasserrevier als an der Mecklenburgischen Seenplatte. Kein See gleicht dem anderen und vielfach erinnert die Landschaft an die endlose, unberührte Weite Kanadas.

Keine Schleusen, kaum Brücken, dafür Haubentaucher, Eisvögel, Otter und Fischadler – mehr als 1000 saubere Seen verbinden sich durch Flüsse, Bäche oder Kanäle auf einem Gebiet mit mehr als 500 Quadratkilometern Wasserfläche. Die Mecklenburgische Seenplatte ist ein Paradies für Naturfreunde, Wassersportler und Hausbootfahrer. Rund fünf Millionen Gäste übernachten pro Jahr in dieser weit gehend in natürlichem Zustand gebliebenen Region.

Mecklenburg-Vorpommern ist aber nicht nur das Land der 1000 Seen, sondern auch der

Zwischen Rostock, Schwerin, Berlin und der polnischen Grenze; Bahn: nach Waren und Neustrelitz, Auto: A 19, Ausfahrten Güstrow oder Malchow; www.mecklenburgische-seenplatte.de

ten, meist unparzellierten Felder geben dem Wasserlabyrinth eine prächtige, naturbelassene Kulisse. Dazu gesellen sich verschlafene Dörfer und romantische Städtchen wie die Ernst-Barlach-Stadt Güstrow, die Perle der Mecklenburgischen Seenplatte, Malchow, oder der Fachwerkort Plau. An die Müritz, das Zentrum der Mecklenburgischen Seenplatte und gleichzeitig der mit 117 Quadratkilometern Wasserfläche zweitgrößte deutsche See, schließt sich der Müritz-Nationalpark an.

Das Entstehen der Seenplatte erklärt sich durch die letzte große Eiszeit: Als die Gletscher schmolzen, entstanden die recht flachen Senken. So besitzt die Müritz nur eine durchschnittliche Tiefe von 6,3 Metern. Das Ostufer ist sogar so flach, dass man erst 1,5 Kilometer vom Ufer entfernt eine Tiefe von mehr als zwei Metern erreicht: ideal zum Baden für Familien mit Kindern. Auf der Westseite der Müritz fällt das Ufer dagegen recht steil ab. Die tiefste Stelle wird bei Waren gemessen: 33 Meter.

In dem sauberen Wasser gedeihen Seerosen.

Wer Ruhe und Abgeschiedenheit sucht, wird irgendwo an einem der über 1000 Seen der Mecklenburgischen Seenplatte garantiert fündig.

2000 Burgen, Schlösser, Guts- und Herrenhäuser. Die mussten versorgt werden: Durch Kähne auf dem Wasser oder Fuhrwerke, die auf den noch heute intakten und wunderschönen Alleenwegen verkehrten. Die dom- oder tunnelförmigen Alleenstraßen, die wei-

Viele der oft kilometerlangen Alleen haben auch die Straßenmodernisierung nach der Wiedervereinigung überlebt.

Die Seenplatte ist ein Naturparadies – auch für das kleinste Insekt.

Tipp

Für Freizeitkapitäne Die Mecklenburgische Seenplatte ist das beste Revier in Deutschland für weitgehend freie Fahrt mit ohne Bootsführerschein. Ein 13 Meter langes Hausboot für zwei bis acht Personen kostet Montag bis Freitag zwischen 440 Euro in der Neben- und 1000 Euro in der Hauptsaison. Nach der ausführlichen Einweisung entscheidet jeder Freizeitkapitän selbst, wohin die Reise geht (www.auf-nach-mv.de/wasserreisen).

Kap Arkona auf Rügen

Ein Peil- und zwei Leuchttürme, die Kultstätte Jaromarsburg und ein paar Läden: Der Landstrich um das steile Kap Arkona steht unter Natur-, das Kap-Dörfchen Vitt unter Denkmalschutz und eine Veilchentreppe führt zum Strand. Eine Rügener Idylle.

Ganze 45 Meter reckt sich das Kap Arkona aus der Ostsee hoch. Oft als nördlichster Punkt Rügens bezeichnet – tatsächlich liegt aber 600 Meter weiter der Gellort noch etwas nördlicher – bietet das Kreide-Kap einen der eindrucksvollsten Anblicke der Insel, manchmal mit Sicht bis Dänemark und fast immer bis zur Halbinsel Jasmund.

Mit jährlich rund 800 000 Besuchern ist das Kap Arkona eines der beliebtesten Ausflugsziele auf Rügen. Die beiden Leuchttürme und der Peilturm der Marine könnten unterschiedlicher nicht sein: Der mit 19 Metern

Halbinsel Wittow; Anfahrt: vom Parkplatz vor Putgarten zu Fuß, per Pferdekutsche oder mit der Arkonabahn; www.kap-arkona.de

geschlossene Ehen werden durch eine kleine Tafel im Boden vor dem Turm verewigt. Gleich daneben steht der 1902 gebaute, 35 Meter hohe Neue Leuchtturm. Der runde Marinepeilturm, heute Kunstzentrum, wurde ab 1927 als Seefunkfeuer genutzt. Zu diesem Zweck waren innerhalb der Jaromarsburg große Antennenfelder errichtet worden. Die Fundamente der dazugehörigen Funkbetriebsstelle sind im Inneren der Wallanlage bis heute erhalten, die technischen Einrichtungen des Peilturms wurden allerdings 1945 zerstört. Alle drei Türme haben eine Aussichtplattform und können – wie auch das Gelände, auf dem die 1168 von den Dänen gebrandschatzte hölzerne Slawenfestung und Kultstätte Jaromarsburg stand – besucht werden.

Über zwei Treppen, die Königstreppe mit 230 Stufen, und die Veilchentreppe, kommt man vom Plateau zum Strand, der vom Kap bis nach Vitt reicht. Den Namen hat die Treppe von den Veilchen, die im Frühling um sie herum wachsen. Vitt selbst ist ein unter Denkmalschutz stehendes, verwunschen wirkendes Dorf, dessen 30 Bewohner wie früher vom Fischfang und -verkauf leben.

Die Menschen in Vitt leben vom Fischfang – und von den Touristen.

Die Jaromarsburg war vom 6. bis ins 12. Jahrhundert eine Kultstätte der Ranen, eines slawischen Stamms. In ihrem Innern stand eine dem Gott Svantovit gewidmete hölzerne Statue. Im Bild eine moderne Anspielung darauf.

Ganz im Norden Rügens liegt Kap Arkona mit seiner eindrucksvollen Steilküste. Links im Bild der Marinepeilturm.

Höhe kleinere Schinkelturm ist 200 Jahre alt, quadratisch und beherbergt heute ein Museum und ein Standesamt. Dort

Tipp

Spezialitäten Auf Arkonafeuer, Wittower Nussschinken oder Sanddorn-Aufstrich möchte man zu Hause nicht verzichten. Aber herumschleppen will man die Einkäufe auch nicht unbedingt. Deshalb versendet der »Rügenladen« in Putgarten so genannte See- und Klabauterkisten, voll gepackt mit Rügener Spezialitäten (www.ruegen-direkt.de).

Kreidefelsen von Rügen

Die Kreidefelsen von Rügen sind ein Wahrzeichen für Deutschland – dank Caspar David Friedrichs romantischer Malerei. Die reale Ansicht ist aber noch beeindruckender. Und das neue Nationalparkzentrum macht sogar Unsichtbares sichtbar.

In Deutschlands kleinstem Nationalpark Jasmund, gerade mal 30 Quadratkilometer groß, stehen sie da wie gemalt, weiß und grell im Sonnenlicht: die Kreidefelsen auf Rügen, allen voran der Königsstuhl, 118 Meter hoch und von einer Aussichtsplattform gekrönt, die schon mehr als 300 Jahre alt ist. Wer jedoch den von Caspar David Friedrich gemalten Blickwinkel sehen möchte, der geht knapp einen Kilometer weiter südlich zum Aussichtspunkt Victoria-Sicht. Hier drängeln sich allerdings die Besucher auf einem klitzekleinen Balkon. Die eindrucksvollsten Ansichten muss man sich

Halbinsel Jasmund; Bahn bis Sassnitz, von dort Bus 20 und 23 zum Nationalparkzentrum; 9.00 – 19.00 (Ostern – Oktober), 10.00 – 17.00 Uhr (November – Ostern); Eintritt: 7 Euro; www.koenigsstuhl.com

dagegen auf zehn Kilometern erwandern: Der Weg führt von Sassnitz über die Piratenschlucht hinauf zum Hochufer und auf der Abbruchkante entlang bis zum Königsstuhl. 500 000 Menschen stehen jährlich auf der Königsstuhl-Plattform und staunen über die 70 Millionen Jahre alten Kreidefelsen am Meer, die umgeben sind von Rotbuchenwäldern, Wiesen und Mooren. Die steil, zuweilen senkrecht abfallenden Felsen sind einer ständigen Erosion ausgesetzt. Mit jedem Sturm brechen Stücke ab. Herausgelöst werden dabei immer wieder auch Fossilien, versteinerte Reste von Seeigeln, Schwämmen oder Austern.

Vom Königsstuhl führt eine schmale Holztreppe hinunter zur Ostsee. Auch wenn die Kinder am liebsten sofort zum Strand wollen und mit den schönen rund gewaschenen Steinen spielen möchten, sollte man sie doch vielleicht noch zuvor ins moderne Besucherzentrum entführen, in dem Geheimnisse enthüllt werden: Wie ist die gigantische, strahlend weiße Kreideküste eigentlich entstanden? Was hat es mit den alten Buchenwäldern und Mooren auf sich? Und was passiert im Nationalpark Jasmund bei Nacht? Die Kleinen werden die Ohren spitzen und lauschen. Denn »Wir machen Unsichtbares sichtbar« lautet das Motto des Nationalparkzentrums an der Stubbenkammer, direkt neben dem Königsstuhl. Ein 20-minütiger Film informiert, interaktive Ausstellungen erlauben das Anfassen oder Ausprobieren von Dingen und führen auf eine beeindruckende Zeitreise für alle.

Theodor Fontane ließ seine Effi Briest beim Anblick von Rügens Kreideküste begeistert »Das ist ja Capri, das ist ja Sorrent« ausrufen – wer die Attraktion der Insel heute besichtigt, versteht, warum.

Tipp

Ins rechte Licht gerückt Besonders Fotografen wünschen sich – gerade bei so abgelegenen, aber umso fotogeneren Stellen wie auf der Jasmund-Halbinsel – immer das beste Licht. Im Falle der Kreidefelsen von Rügen gilt: Morgenstund' hat Gold im Mund. Die Sonne geht im Osten auf und lässt Stubbenkammer, Königsstuhl und Co. in wechselndem Licht von rötlich bis golden erstrahlen. Praktischer Nebeneffekt: Es herrscht noch kein Gedränge an den Aussichtspunkten.

Auch von See aus bieten die Felsen einen fantastischen Anblick.

Schloss Schwerin

Majestätisch und zugleich verwunschen wie ein Märchenschloss erhebt sich das herzogliche Schweriner Schloss über der Landeshauptstadt. Umgeben von Park, Burg- und Schweriner See, gehört es zu den schönsten Schlössern Deutschlands.

Mecklenburg-Vorpommern besitzt 2000 Burgen und Schlösser, von Ruinen wie Dargun (1172) über die älteste erhalten gebliebene Burg Stargard (1236) bis zum Schloss in der Hauptstadt Schwerin, in dem seit der Wende der Landtag ein sehr schönes Domizil gefunden hat.

Das Schloss ist das Wahrzeichen der Stadt, ein das Stadtbild prägender Monumentalbau und ebenfalls das bedeutendste Baudenkmal aus dem 19. Jahrhundert im ganzen Bundesland. Die ehemalige Residenz der mecklenburgischen Herzöge erhielt das

Lennéstraße 1; Straßenbahn: alle Linien (Marienplatz), Bus: Linie 100 (Schloss Schwerin); Di. – So. 10.00 – 18.00 (Mitte April – Mitte Okt.), im Winterhalbjahr bis 17.00 Uhr; Eintritt: 4 Euro; www.schloss-schwerin.de

heutige Erscheinungsbild zwischen 1843 und 1857 nach französischem Loire-Vorbild. Die Ursprünge dieser Anlage gehen allerdings bereits auf eine 1018 erwähnte slawische Burg zurück.

Die malerische Lage auf der kleinen Schlossinsel sowie die vielen Türme und Giebel verleihen dem Bau ein geradezu märchenhaftes Aussehen. Auf der anderen Seite wirkt es aber auch majestätisch und repräsentativ. Ein bisschen erinnert es an Neuschwanstein in einem See auf dem flachen Land. Die schön dekorierte Schlossbrücke verbindet das Gebäude mit der Altstadt.

Nach umfangreicher Renovierung sind die Prunkräume in der Bel- und in der Festetage wieder zugänglich. Besonders eindrucksvoll geben sich die Ahnengalerie, die in lückenloser Reihenfolge Gemälde aller regierenden Herzöge der Dynastie Mecklenburgs vom 14. bis zum 18. Jahrhundert zeigt, und der Thronsaal. Beide Räumlichkeiten sind überreich mit Intarsienböden aus Edelholzfurnieren und zum Teil mit goldenem Stuck ausgestattet.

Vom Burggarten auf der Schlossinsel führt eine Brücke über den Schweriner See in den Schlossgarten, der 1748 bis 1756 als barocker Park mit Arkaden angelegt wurde. Das Reiterstandbild von Großherzog Friedrich Franz II. – er war der Bauherr der Residenz – und die 14 Sandsteinplastiken am Kanal geben der Anlage herrschaftlichen Stil. Von der höchsten Stelle des Parks genießt man auch den schönsten Blick aufs Schloss, das jeder Zehnte der jährlich 1,6 Millionen Tagesgäste in Schwerin besucht.

Der 1858 vollendete Thronsaal zählt – wie der Name vermuten lässt – zu den Prunkstücken des Schlosses.

Vom Schlosspark aus betrachtet entfaltet das Schweriner Schloss einen ganz besonderen romantischen Reiz.

Den Kanal im Schlossgarten säumen Statuen Balthasar Permosers, dessen Hauptwerk die Skulpturen am Dresdner Zwinger sind.

Tipp

Sightseeing mit dem Bus Mit der Buslinie 100 kann man eine Rundfahrt um den Schweriner Innensee machen und schöne Blicke auf das Schloss genießen. Von Mai bis Oktober wird die Sightseeingroute bedient, die auch Ausflugsziele am Ostufer des Sees mit einbezieht. Es werden insgesamt 24 Haltestellen angefahren, unter anderen in der Schweriner Altstadt, in Raben-Steinfeld, Godern, Gneven oder Vorbeck (Tickets ab 1,85 bis 5,70 Euro für die gesamte Rundfahrt direkt im Bus).

Seebrücke Ahlbeck auf Usedom

Usedom, die zweitgrößte deutsche Ostseeinsel, kennt jeder durch die Ahlbecker Seebrücke, deren Holzkonstruktion allen Sturmfluten widerstanden hat. Der Bau mit den vier verspielt wirkenden Türmchen erweckt das Bild von der »guten alten Zeit«.

In der 1920er-Jahren, als Usedom beinahe offiziell die »Badewanne Berlins« hieß und im züchtigen schwarzen Einteiler das Strandleben genossen wurde, da war die Ahlbecker Seebrücke schon längst volljährig, hatte man sie doch 1898 schon eingeweiht, was sie zur heute ältesten original erhaltenen Seebrücke auf Usedom macht. Die Wetterfähnchen auf den vier Türmchen drehen sich auch im 21. Jahrhundert noch – trotz mancher Schäden durch Sturmfluten. Nur 1970 wurde der aus Holz gefertigte Bau grundsaniert. Und 1993 erneuerte man den 280 Meter langen

Ahlbeck; Bahn bis Züssow, von dort mit der Usedomer Bäderbahn nach Ahlbeck, mit dem Auto auf der B 111; Saison: Mai bis September; www.usedom.de

Abendstimmung an der Seebrücke von Ahlbeck, seit der Gründerzeit die Attraktion auf Usedom.

Seesteg, der zuvor durch Eisgang eingestürzt war.

Ahlbeck ist das jüngste der drei so genannten Kaiserbäder auf Usedom, hat sich aber längst aus dem Schatten von Heringsdorf und Bansin befreit. Auch in die zwölf Kilometer lange Strandpromenade ist der 4000-Einwohner-Ort integriert. Sie führt von A nach B: von Ahlbeck über Heringsdorf nach Bansin.

Rechts und links von der Seebrücke Ahlbeck tobt im Sommer das Strandleben. Strandkörbe stehen wie bunte Farbtupfer im Sand, Fußbälle rollen, Federbälle fliegen. Von der Promenade aus gesehen spiegelt die Seebrücke das Bild von vergangenen Zeiten wider. Dazu gehört auch die historische Jugendstiluhr, die ein Badegast im Jahr 1911 spendierte. Sie ist Treffpunkt und Ausgangspunkt für Rundgänge und auch ein Wahrzeichen Ahlbecks, dessen Name sich übrigens von einem aalreichen Bach herleitet. Sowohl der ungewöhnliche dreiseitige Uhrkasten als auch Ornamente und Verzierungen machen die Uhr zu einer Rarität, die nach langer Zeit nun auch das wieder tut, was eine Uhr machen sollte: Die richtige Zeit angeben.

Wer im Café-Restaurant des schmucken Pavillons auf der Seebrücke sitzt, der vergisst die Zeit aber schon mal. Als sei man auf einem Schiff, genießt man das Meer wie auf hoher See. Und wer abends auf der Seebrücke steht, sieht bis ins polnische Swinemünde und zum Leuchtturm. Rund eine Million Touristen strömen jährlich nach Usedom und viele lassen sich das inzwischen größte Seebad der Insel und die Ahlbecker Seebrücke nicht entgehen.

Tipp

Eisbaden Es gibt Veranstaltungen, die man normalerweise nicht für möglich hält. Dazu gehört das Eisbaden in Ahlbeck, das jedes Jahr am Valentinstag stattfindet. Mehr als 250 Eisbader stürzen sich dabei in die kalten Fluten der Ostsee. Und gut 5000 Menschen schauen ihnen dabei zu. Wie sich am Valentinstag gehört, gibt es natürlich auch Rosen – und für die Schwimmer nach dem Bad eine Decke und heißen Tee. Man muss dabei wissen, dass die Ostsee im Februar eine Wassertemperatur deutlich unter zehn Grad hat.

Hübsche Gebäude im Stil der Bäderarchitektur des 19. Jahrhunderts zieren die Strandpromenade.

Altstadt Wismar

Der quadratische Marktplatz mit dem Alten Schweden und Staffelgiebelhäusern ist das Markenzeichen von Wismar. Die Hansestadt gehört zu den Hauptanziehungspunkten der Ostseeküste, auch weil die Altstadt Weltkulturerbestätte ist.

Backsteinstadt wird Wismar auch genannt, was besonders den monumentalen Backsteinkirchen zu verdanken ist. Die idealtypisch entwickelte Hansestadt aus der Blütezeit des Städtebunds im 14. Jahrhundert hat ihr Straßennetz sowie die Viertelstruktur bis heute nahezu unverändert erhalten. Die Bausubstanz zeigt noch immer den Reichtum dieser Stadt, die 1229 das Stadtrecht erhielt und bald zu einem wichtigen Umschlagplatz und Hafen an der Ostsee wurde. Im Juni 2002 bekam die Altstadt von der UNESCO – zusammen mit Stralsund – die begehrte Auszeichnung Weltkulturerbe der Menschheit.

Marktplatz; Bus: Linien B, D und F (Am Markt); www.wismar.de

Dominiert wird dessen Silhouette allerdings von den eingangs erwähnten gewaltigen mittelalterlichen Backsteinkirchen: der St. Georgen-, der St. Marien- und der St. Nikolai-Kirche. Sie verkörpern die meisterliche Sakralarchitektur des 13. und 14. Jahrhunderts.

Knapp 150 000 Übernachtungen zählt Wismar pro Jahr und die Besucher sind überrascht von der Anzahl der Sehenswürdigkeiten. Zunächst ist da der berühmte Alte Schwede, ein um 1380 erbautes Haus mit Wohn- und Geschäftsräumen sowie Speicherböden. Der Name dieses ältesten Profanbaus der Stadt rührt von der Zeit her, in der Wismar zu Schweden gehörte (1648 bis 1803). Dann gibt es den Fürstenhof, den Sitz der mecklenburgischen Herzöge. Entstanden ab 1512, wurde er nach der Abtretung Wismars an die schwedische Krone von 1653 bis 1803 das höchste schwedische Gericht für die Besitzungen in Norddeutschland. Schließlich noch das Wassertor als letztes von fünf Stadttoren, die in die vier Meter hohe Stadtmauer integriert waren, die Wasserkunst von 1602, die bis 1897 zur Trinkwasserversorgung diente, und das Zeughaus, eines der bedeutendsten barocken Gebäude schwedischer Militärarchitektur in Deutschland. Und beinahe die gesamte Nordseite am Markt benötigt das Rathaus, 1807 teilweise eingestürzt und danach im klassizistischen Stil wiederaufgebaut.

Einst zählte Wismar zu den mächtigsten Städten Deutschlands. Den Glanz der Hansezeit lässt der Alte Hafen heute noch erahnen.

Backsteingotik par excellence: 37 Meter hoch ist das prachtvolle Mittelschiff der Seefahrer- und Fischereikirche St. Nikolai.

Im Zentrum der Altstadt liegt der 10 000 Quadratmeter große und quadratische Marktplatz, der größte an der Ostseeküste.

Tipp

Ein Recht für Kinder

Die Insel Poel oder das Ostseebad Boltenhagen sorgen im Sommer mit Badestränden für Abwechslung. Sollte das Wetter aber nicht mitspielen, wäre die Mecklenburger Bauernscheune eine Alternative, um auch die Kinder zu ihrem Recht kommen zu lassen. Dort gibt es eine Kletteranlage mit Rutsche, die Sandbaustelle, den Abenteuerspielplatz, das Spielhaus. Es darf gemalt, gebastelt und gespielt werden, während die Älteren das Computer-Kabinett mit gängigen Programmen vorziehen (www.bauernscheune-wismar.de).

Frisch saniert laden die Geschäftshäuser der Krämerstraße zu einem Einkaufsbummel ein.

Niedersachsen

»Sturmfest und erdverwachsen«, preist das Niedersachsenlied die Einwohner. Sie sind stolz auf ihre Hauptstadt Hannover und das Künstlerdorf Worpswede. Sie lieben das Steinhuder Meer und natürlich ihre Nordsee.

Fischereihafen Greetsiel

Wer ostfriesische Idylle pur sucht, der ist in Greetsiel genau richtig: Dort findet man nicht nur original ostfriesische Häuser und die Greetsieler Zwillinge, die zwei alten Windmühlen, sondern auch einen der malerischsten Fischereihäfen in Deutschland.

Stimmungen ändern sich. Erst erhabene Ruhe und plötzlich das Geschrei und Gekreische von Silbermöwen: Sie steigen auf, fliegen davon. Die Ursache der kollektiven Flucht ist ungeklärt. Dann kehrt wieder Ruhe ein in Greetsiel, diesem idealtypischen Fischerort friesischer Ausprägung.

Direkt davor liegt der Nationalpark Niedersächsisches Wattenmeer: 280 000 Hektar mit Salzwiesen, Dünen, Sandbänken und den vorgelagerten Inseln von Borkum im Westen bis Wangerooge im Osten in einem der meistbefahrenen Meeresgebiete der Welt.

Ca. 15 km von Emden und Norden; Anfahrt: mit der Bahn, Bus 421 ab Emden, Bus 417 ab Norden, mit dem Auto auf der A 31

Der sorgfältig restaurierte Ortskern mit seinen malerischen Straßen, Gassen und Klinkerhäusern verbreitet eine entspannte Atmosphäre.

Krabbenfang hat Tradition im Hafen von Greetsiel.

Die Windräder der mehr als 20 Meter hohen Greetsieler Zwillinge, die beiden markanten Windmühlen, so genannte Holländer, eine in Grün und eine in Rot, drehen gemütlich im Wind. Auch der mehr als 600 Jahre alte Fischereihafen mit derzeit 27 Krabbenkuttern, der größten Flotte des Landes, und mindestens ebenso vielen Segelbooten verströmt eine beruhigende Stimmung. Der Museumsort mit seinen klinkergepflasterten Straßen und engen Gassen, das Künstlerdorf mit den spitzgiebeligen Häusern, die zum Teil aus dem 17. Jahrhundert stammen: Greetsiel gilt aus jedem Blickwinkel als schönster Ort der Nordseeküste.

Gestört wird das Idyll eigentlich nur von den Besuchern: Rund 700 000 Tagesgäste strömen jedes Jahr herbei, um dieses Musterdorf zu erleben. Und um auch den einen oder anderen zollfreien Einkauf zu tätigen. Der Greetsieler Hafen gehört zum Zollgrenzbezirk und bei Schiffsfahrten ab Greetsiel auf die hohe See darf ohne Steueraufschlag eingekauft werden.

Aber nicht nur die zahlreichen Touristen und so mancher Künstler haben Greetsiel entdeckt, sondern auch die Motivscouts von Film und Fernsehen. »Pfarrer Braun« mit Ottfried Fischer und Tilo Prückner wurde dort gedreht, der Tatort »Sonne und Sturm« mit Maria Furtwängler, aber auch das ZDF-»Sonntagskonzert« fand in Greetsiel mit dem Hotel »Hohes Haus«, den Gassen, dem Hafen und dem Buddelschiffmuseum sowie den Zwillingsmühlen die geeignete Kulisse.

Die Greetsieler Zwillinge, das Wahrzeichen des Ortes.

Tipp

Leuchtturmhilfswärter gesucht 1892 fertig gestellt, stolze 65 Meter hoch und damit einer der höchsten Leuchttürme Deutschlands: Das Leitfeuer Campen zeigt noch heute der Schifffahrt den Weg nach Emden, Leer oder Papenburg. Wer 320 Stufen nicht fürchtet, hat einen wunderbaren Blick und die Kinder können noch dazu eine Prüfung zum Leuchtturmhilfswärter am Leuchtturm Campen ablegen – mit Urkunde und Stempel. Zuvor müssen allerdings einige Fragen richtig beantwortet und Aufgaben sorgfältig gelöst werden … (Tel. 04923/916150).

Herrenhäuser Gärten

Eine der schönsten Parkanlagen Europas findet sich in Hannover. In den Herrenhäuser Gärten zeigen sich schließlich die wichtigsten Stilrichtungen der Gartenkunst. Und außerdem gibt es die größte Orchideensammlung des Kontinents.

Ob barock im französischen Stil, ob gediegener englischer Landschaftsgarten oder einer der ältesten botanischen Gärten Deutschlands: Die Königlichen Gärten Herrenhausen gehören zu den beeindruckendsten Parkanlagen in Europa. Sie werden jährlich von rund einer Million Menschen besucht und bestehen aus Großem Garten, Berggarten, Georgengarten sowie Welfengarten.

Der barocke Große Garten mit 50 Hektar Fläche wurde 1666 begonnen und in seiner heutigen Form bis 1714 von Kurfürstin

Hannover-Herrenhausen; Stadtbahn: Linie 4, 5 (Garbsen/Stöcken); tgl. ab 9.00 Uhr; Eintritt: 2 – 4 Euro; www.hannover.de

Sophie gestaltet. Er zählt zu den wenigen erhaltenen Barockanlagen des Kontinents. Die große Fontäne mit dem bis zu 80 Meter hohen Wasserstrahl weist jedermann den Weg.

Der Berggarten entstand beinahe gleichzeitig und ist einer der ältesten Botanischen Gärten in Deutschland. Zunächst war er nur als Küchengarten des ursprünglichen Schlosses der Herzöge von Calenberg gedacht. Das Schloss wurde im Zweiten Weltkrieg zerstört, dafür sind bis heute etwa 11 000 verschiedene Pflanzen aus den unterschiedlichsten Klimazonen zu bewundern, ebenso wie das Kakteen- oder das Regenwaldhaus.

Deutlich später, von 1835 bis 1841, wurde der Georgengarten, ein Landschaftspark nach englischem Vorbild, angelegt. Vom Tempel, der auf einer Halbinsel zu Ehren von Gottfried Wilhelm Leibniz gebaut wurde, hat man einen wunderbaren Ausblick über Rasenflächen, Bäume und Weiher.

Im Mittelpunkt des Welfengartens befindet sich das Welfenschloss, heute Sitz der Universität Hannover. Der Garten ist besonders während der Semester sehr belebt, weil er den Studenten als Freizeitpark dient.

Eine Besonderheit ist die Grotte von Niki de Saint Phalle im Großen Garten. Sie wurde 1676 erbaut. Ihre drei ursprünglich mit Muscheln, Kristallen, Glas und Mineralien geschmückten Räume dienten als Refugium. Die Ausschmückungen wurden im 18. Jahrhundert entfernt. Nach ihrer Restaurierung zur Weltausstellung im Jahr 2000 bestückte man die Grotte bis 2003 nach den Plänen der Künstlerin Niki de Saint Phalle neu.

164 einzelne Wasserstrahlen bilden die Glockenfontäne, den Mittelpunkt des Großen Parterres. Abends wird jeder Strahl einzeln illuminiert.

Nirgends ist die versunkene Ära der hannoverschen Fürstenherrlichkeit noch so spürbar wie in ihren Gärten – hier das Große Parterre im Großen Garten.

Die Eckpavillons von Rémy de la Fosse fungieren als Blickpunkte an den Enden von Baumalleen.

Tipp

Wilhelm Busch Im Zentrum des Georgengartens sollte man sich keinesfalls das Georgenpalais entgehen lassen. Es beherbergt das Wilhelm-Busch-Museum – Deutsches Museum für Karikatur und kritische Grafik. Die Sammlung zu Busch umfasst 1600 Gemälde, Zeichnungen und Bildergeschichten sowie mehr als tausend schriftliche Stücke und damit auch mehr als zwei Drittel aller erhaltenen Werke des Künstlers. Es ist die umfangreichste und bedeutendste Wilhelm-Busch-Sammlung weltweit (4,50 Euro, www.wilhelm-busch-museum.de).

Neuharlingersiel

Neuharlingersiel ist mehr als nur der Hafen für die Fähre nach Spiekeroog, gilt er doch als einer der schönsten und malerischsten an der Nordseeküste.

Das vor mehr als 300 Jahren gegründete Fischerdorf ist heute ein geschäftiger Hafen am Wattenmeer, in dem derzeit eine Flotte von 14 Krabbenkuttern liegt. In der Hochsaison ist das beliebte Ausflugsziel und Nordseeheilbad zwar des Öfteren etwas überlaufen, dafür hat es seinen Gästen aber auch allerhand zu bieten: natürlich einen (kostenlosen) Strand, aber auch ein Meerwasserhallenbad mit Sauna, Tropengarten und Solarien, ein Kurhaus und ein attraktives Ferienprogramm mit Kutter- und Planwagenfahrten, Wattwanderungen und Ausflügen nach Spiekeroog.

Bahn: nächster Bahnhof Esens, von dort Bus; Auto: A 29 und B 219/469; Buddelschiffmuseum: tgl. 10.00–13.00 und 13.30–17.00 Uhr (April–Okt.); www.neuharlingersiel.de

Kutteromantik im Hafen von Neuharlingersiel. Wichtigster Wirtschaftszweig des Ortes ist der Tourismus.

Um das Herzstück des Orts, den Hafen, gruppieren sich die meisten Sehenswürdigkeiten – zugegeben nicht überragend viel, aber wo sonst kann man schon ein Buddelschiffmuseum besuchen? An der westlichen Hafenseite in Janssens Hotel liegt es und zeigt stolz über 100 dieser filigranen Objekte. Und das sind nicht irgendwelche: So findet man hier Wikingerschiffe, phönizische und römische Galeeren, Kolumbus' »Santa Maria«, Admiral Nelsons »HMS Victory«, die untergehende »Titanic« ebenso wie Thor Heyerdahls »Kon-Tiki« oder ein im Trockendock liegendes Schiff; ansonsten wurde an alle Schiffstypen, Epochen und denkwürdigen Ereignisse gedacht. Und selbstverständlich können die Besucher einem Buddelschiffbauer bei der Arbeit zusehen. Wer dann noch nicht genug von der christlichen Seefahrt hat, begebe sich zum Ablegeplatz der Spiekeroog-Fähre, wo sich in einem Schuppen der Deutschen Gesellschaft zur Rettung Schiffbrüchiger einiges zum Rettungswesen lernen lässt. Dass es in Neuharlingersiel auch nobel und grün zugeht, zeigt der inmitten eines kleinen Parks liegende Sielhof aus dem 18. Jahrhundert, heute Haus des Gastes.

Aber, ganz ehrlich, die größte Sehenswürdigkeit ist immer noch der Hafen. Es gibt kaum etwas Schöneres als dem Treiben hier zuzusehen, frische Krabben direkt vom Kutter zu kaufen und zu pulen oder in einem der netten Café-Restaurants einzukehren.

Tipp

Kutterregatta Einer der Höhepunkte in Ostfrieslands Festkalender ist ohne jeden Zweifel die seit mehr als 30 Jahren stattfindende »Regatta der Krabbenkutter in Neuharlingersiel«. Ende Juli treten die bunt beflaggten Kutter gegeneinander an und liefern sich ein spannendes Wettrennen. (Zahlende) Gäste sind an Bord willkommen.

Die sinkende »Titanic« ist eine der Attraktionen im Buddelschiffmuseum.

Steinhuder Meer

Das Steinhuder Meer ist mit 32 Quadratkilometern Fläche der größte Binnensee Niedersachsens. Und mitten drin liegt ein künstlich geschaffenes Kleinod: die von Graf Wilhelm zu Schaumburg-Lippe gebaute Inselfestung Wilhelmstein.

Eine alte Sage erzählt von der Entstehung des Steinhuder Meers: Ein Riese, von Zwergen aus dem Schlaf hochgeschreckt, verfolgte die Störenfriede. Wo heute das Steinhuder Meer liegt, stampfte er vor Wut in den Sand. Die große Kuhle füllten schließlich Tausende von Zwergen mit ihren Tränen. Sicher ist in jedem Fall, dass das beliebte Binnengewässer vor mehr als 200 000 Jahren als Hinterlassenschaft der Saale-Eiszeit entstanden ist.

Etwas anders stellt sich dagegen die Entstehung der Insel Wilhelmstein dar. Es war

30 km nordwestlich von Hannover; Bahn: bis Wunstorf, weiter mit Bus, Auto: auf der A 2; Festung: 9.00 – 18.00 Uhr (April – Mitte Okt.); Eintritt: 3 Euro; www.inselwilhelm stein.de, www.steinhuder-meer.de

Friedrich Wilhelm von Schaumburg-Lippe, der als bedeutender Militärstratege die Insel Mitte des 18. Jahrhunderts aufschütten und als idealtypische Festung 1756 bis 1767 anlegen ließ. Ursprünglich bestand die Insel aus 16 einzelnen Eilanden. Sie ist fast quadratisch in ihrer Form und diente später als Kadettenschule, als Staatsgefängnis und ist heute ein Museum, in dem die Geschichte der Insel dokumentiert wird. Die rund 50 000 Gäste pro Jahr staunen beim Besuch auch über den Bauplan eines U-Boots, das der Graf für das höchstens 3,5 Meter tiefe Wasser des Steinhuder Meers entwerfen ließ.

Mit einer Fläche von 32 Quadratkilometern zieht das Steinhuder Meer Badelustige, Surfer und Segler an. Es ist das Herz des Naturparks Steinhuder Meer, das von zahlreichen Rad- und Wanderwegen durchzogen wird, darunter eine Strecke, auf der man das niedersächsische Binnenmeer umrunden kann. Dabei geht es häufig durch Heide- und Moorgebiete und man kommt an der Sanddüne des 57 Meter hohen Weißen Berges auf der Nordseite und am Südufer an der Badeinsel vor Steinhude vorbei.

Bemerkenswert ist die vorbildliche Konfliktlösung zwischen Naturschutz und Naherholung. Der Naturpark Steinhuder Meer bekam schon den Siegerpreis im Bundeswettbewerb deutscher Naturparks zugesprochen, auch für die Renaturierung der Moorflächen.

Die Badeinsel am Südufer ist Anlaufpunkt für Badegäste und Sonnenhungrige.

Das Steinhuder Meer und der nach ihm benannte Naturpark garantieren einen hohen Freizeitwert.

Tipp

Ob Segler oder Tretbootkapitän:

Die schwimmende gelbe Postboje sollte man sich bei Fahrten auf dem Steinhuder Meer nicht entgehen lassen. Sie ist 700 Meter vor der Nordküste verankert (52°29,715' Nord und 9°21,008' Ost), mit einem gelben Postkasten auf 1,50 Meter Höhe gekrönt – und kaum zu übersehen. In der Saison wird zweimal pro Woche geleert, die Laufzeit dauert etwas länger, aber dafür gibt es den begehrten Sonderstempel »Postboje Steinhuder Meer« vom Neustädter Postamt. Jährlich werden rund 1200 Briefe eingeworfen.

In der Festung Wilhelmstein erhält der Besucher Einblicke in das Leben in der Grafschaft Schaumburg. Man erreicht sie mit den »Auswanderern«, großen, motorisierten Segelbooten aus Holz.

Künstlerdorf Worpswede

Stilechte Schönheit auf einem Fleck: Das ist selten, aber in Worpswede eine ebenso angenehme wie überraschende Realität. Die Künstlersiedlung nördlich von Bremen ist als Ganzes eine Sehenswürdigkeit – samt ihrer eigenartigen Stimmung.

Kunstdorf oder Künstlerdorf? Der Doppelsinn sagt schon vieles aus über die Ortschaft: Sie liegt in einer ranken Weite, umgeben von Mooren, schmückt sich mit reetgedeckten Häusern, die proper bemalte Tür- und Fensterrahmen aufzuweisen haben. Und darüber ziehen in Stormscher »Schimmelreiter«-Manier herrliche Wolkengebilde hinweg. Alles ist zum Malen schön – was die Worpsweder Künstler ja auch ausgiebig getan haben.

Also doch besser: Künstlerdorf ... – wobei für Kunstdorf spricht, dass alles so stilecht

Ca. 30 km nördlich von Bremen; Bahn (Moorexpress) und Bus ab Bremen; www.worpswede.de

aussieht, dass man beinahe schon zweifelt, ob auch wirklich alles echt ist. Aber nein, Worpswede atmet: auf der Straße, in den Ateliers und im kunstgewerblichen Unterholz der Souvenirshops, Antiquitätenläden und so mancher Kunstgalerie. Es überwiegt aber das Handgedrechselte, Tongeformte oder Handgewebte. Was dafür sorgt, dass dem Dorf auch etwas Naturesoterisches, Vegetarisches und Birkenstockhaftes anhängt.

Worpswede entstand Mitte des 18. Jahrhunderts und lebte zunächst vom Torfabbau, konnte seine Bewohner damit aber nur schlecht ernähren. Ende des 19. Jahrhunderts entdeckten die Künstler das Idyll. Der Jugendstilkünstler Heinrich Vogeler, der knorrige Stühle schuf und den berühmten Vogelbrunnen, war – zusammen mit Paula Becker-Modersohn – der bekannteste der Worpsweder Künstler. Aber er war auch Kommunist und kehrte dem Dorf nach dem Ersten Weltkrieg den Rücken, um im revolutionären Russland sein Glück zu machen, doch landete er letztlich, von der stalinistischen Polizei vertrieben, in Turkmenistan. Er gilt als Gründer der Worpsweder Kommune.

Nicht nur deshalb ist sein Wohnhaus Barkenhoff eines der sehenswertesten Exemplare der sowieso schönen Worpsweder Architekturkunst. Sogar den Bahnhof entwarf Vogeler, damit das Gesamtbild des Dorfes nicht beeinträchtigt werden würde. Der Moorexpress von und nach Bremen fährt heute noch und auch am Bahnhof hat sich nicht viel geändert. Ähnlich blieb auch der Geist von Heinrich Vogeler in diesem Künstler- und Kunstdorf Worpswede erhalten, in dem eigentlich nur die 270 000 Besucher jährlich stören.

Heinrich Vogelers Wohnhaus Barkenhoff.

Die »Große Kunstschau« zählt mit ihrer Lichtkuppel zu den großen Attraktionen im Künstlerdorf – derzeit ist sie aber wegen Baufälligkeit geschlossen.

Fröhlich lacht der »Bonze des Humors« von Bernhard Hoetger den Betrachter an.

Im »Kaffee Worpswede« gehen Caféhauskultur und Kunst eine Symbiose ein.

Tipp

Worpsweder Kultur- und Museumsnacht Am Kunstzentrum Alte Molkerei findet jedes Jahr im Sommer unter freiem Himmel die Worpsweder Kultur- und Museumsnacht statt, bei der zeitgenössische Künstler nicht nur ihre Werke präsentieren, sondern sich auch an den Staffeleien und Werktischen über die Schulter schauen lassen (www.kunstcentrum.de).

Nordrhein-Westfalen

Der Pott kocht – in der Zeche Zollverein wie in der Veltins-Arena auf Schalke. Aber zu Nordrhein-Westfalen gehört nicht nur das Ruhrgebiet, sondern auch der Kölner Dom, die Düsseldorfer Altstadt oder die Bielefelder Sparrenburg.

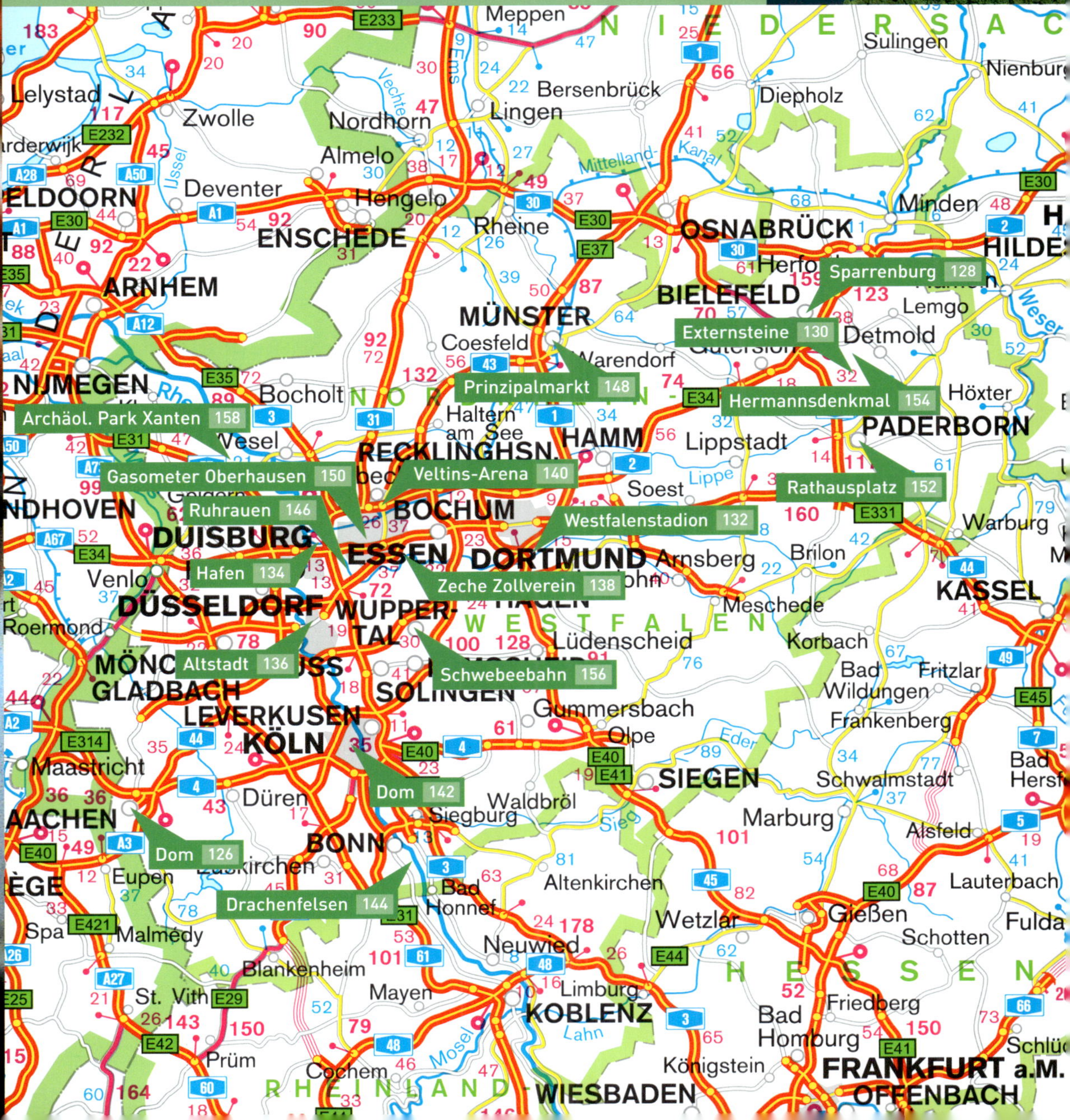

Aachener Dom

Der Dom zu Aachen war Deutschlands erstes Bauwerk, das 1978 in die Liste der Weltkulturerbestätten der Menschheit aufgenommen wurde. Mehr als 30 deutsche Könige erhielten in dem unter Karl dem Großen geschaffenen mächtigen Bauwerk ihre Krone.

Wie kaum ein anderer deutscher Ort steht die westlichste Stadt der Republik ganz im Zeichen eines Bauwerks. Aachens Dom wurde 786 von Karl dem Großen mit einem achteckigen Mittelbau gegründet. Er wollte in Aachen ein neues Rom realisieren. 814, als er starb, wurde die Kirche seine Begräbnisstätte. Mit der Krönung von Otto I. 936 begann die 600-jährige glanzvolle Geschichte der Krönungen deutscher Könige im Dom. Aachen war Ausgangspunkt neuer Staatsordnungen und Kirchenreformen, die für Jahrhunderte prägend blieben. In gotischer Zeit gewann die

Münsterplatz; tgl. 7.00 – 19.00, Jan. – März bis 18.00 Uhr; keine Besichtigung während der Gottesdienste (werktags nicht vor 11.00, So. nicht vor 12.30 Uhr); www.aachendom.de

Kirche zudem auch als Wallfahrtsziel an Bedeutung.

Das alles interessiert bis heute die Menschen: Rund eine Million besuchen jährlich die 250 000-Einwohner-Stadt, um diesen Dom zu besichtigen. Der Kernbau von 786 ist die Pfalzkapelle. Papst Hadrian ermächtigte Karl den Großen, Marmor aus Italien nach Aachen zu überführen. Die Überbringung von Reliquien 799 und 800 bekräftigte die Vollendung des Baues, während eine Weihe durch Papst Leo III. nur eine Legende ist. Der Kuppelbau war zu dieser Zeit der größte nördlich der Alpen. Erhalten sind bis heute der Westteil mit der Eingangshalle, der Kaiserloge und den beiden Wendeltreppentürmen sowie der gewaltige achteckige Kuppelbau mit seinem nach außen 16-eckigen doppelgeschossigen Umgang.

Auch der Königsthron geht auf die Zeit Karls des Großen zurück. Er besticht durch seltene Schlichtheit: Sechs Stufen führen zu dem aus vier Marmorplatten zusammengefügten Kaiserstuhl. Mehr als 30 Könige bestiegen ihn und Kaiser Otto III. ließ sich 1002 dort auch beisetzen.

Die Aachener Domschatzkammer birgt heutzutage einen der bedeutendsten Kirchenschätze Europas, sakrale Kulturgüter aus spätantiker, karolingischer, ottonischer, staufischer und gotischer Zeit, die zum Teil zu den größten Kunstwerken ihrer Epoche gehören. In der Schatzkammer sind unter anderem die Büste Karls des Großen mit der Schädeldecke des Kaisers und das karolingische Evangeliar zu sehen.

Dieses kunstvoll gearbeitete elfenbeinerne Weihwassergefäß gehört zum Domschatz.

Der älteste Teil des Aachener Doms, das 805 geweihte Oktogon. Kaiser Friedrich I. Barbarossa stiftete 1165 den Radleuchter.

Der Karlsschrein, eine bedeutende mittelalterliche Goldschmiedearbeit, befindet sich heute in der Chorhalle.

Im Hochmünster des Doms steht der marmorne Thron Karls des Großen.

Tipp

Aachener Printen Zum rechten Glauben gehört seit jeher auch die rechte Nahrung. Und selbst in dieser Hinsicht hat die Domstadt etwas ganz besonderes zu bieten: die traditionellen Aachener Printen. Das ursprünglich harte Honiggebäck wird heutzutage feuchter Luft ausgesetzt und damit weich. Die mit Schokolade überzogenen Printen kann man zum Beispiel in den »Alt Aachener Kaffeestuben« (Büchel 18) probieren. Der Name kommt übrigens von »prenten« wie: in eine Form pressen.

Sparrenburg Bielefeld

Ab 1240 wurde die Burg der Ravensberger Grafen errichtet und noch heute thront die Sparrenburg mit ihrem 37 Meter hohen Aussichtsturm oberhalb der Bielefelder Innenstadt. Ein wunderbarer Panoramablick ist auch aufs Umland garantiert.

Wie könnte es anders sein: Natürlich ist die Sparrenburg der meist besuchte Ausflugsort der Bielefelder und das Wahrzeichen der Stadt. Die Anlage, die bekannt für ihre 300 Meter langen unterirdischen Gänge ist, wurde nach ihrer Fertigstellung 1250 einige Male umgebaut und veränderte seit dem Mittelalter ihr Gesicht deutlich. Sie wurde oft belagert, sogar die Burgherren wechselten – aber erobert oder gestürmt wurde die Festung nie. Selbst die Wirren des Dreißigjährigen Krieges überstand die Sparrenburg unbeschadet.

Am Sparrenberg; wenige Minuten Fußweg ab Hauptbahnhof; tgl. 10.00 – 18.00 Uhr (Apr. – Okt.); Eintritt: 1 Euro; www.bielefeld.de

Für die Grafen von Ravensberg war die Burg der Mittelpunkt: als Wohnsitz, Verwaltungszentrum und militärische Anlage. Sie sicherte den Pass durch den Teutoburger Wald und nach Bielefeld, das 1214 von Graf Hermann von Ravensberg zur Stadt erhoben wurde. Erst 1648 fielen die Grafschaft Ravensberg und die Stadt an den Großen Kurfürsten Friedrich Wilhelm von Preußen und somit an das Haus der Hohenzollern. Mitte des 18. Jahrhunderts setzte schließlich der Verfall der Burg ein. Das immer durchschlagskräftiger werdende Kriegsgerät ließ die Anlage nutzlos werden.

Ein Jahrhundert später begann im Zeichen der Ruinen-Romantik der Wiederaufbau. Bis ins Jahr 1947 gehörte Bielefeld übrigens zum preußischen Staat. Und für genau 8934,90 Mark kaufte sich die Stadt ihre Burganlage vom preußischen Staat zurück. Heute zeigt sich die Sparrenburg so imposant, als seien all die Jahrhunderte nie gewesen. Aus ihrer Entstehungszeit im Mittelalter stammen immerhin noch die Gangsysteme und Kasematten, die teilweise besichtigt werden können.

Knapp 150 000 Besucher zählt die Sparrenburg pro Jahr, wobei allein zum Sparrenburgfest bis zu 50 000 Menschen kommen. Alljährlich am letzten Wochenende im Juli kehrt nämlich das Mittelalter auf die Sparrenburg zurück, wenn Schausteller und Händler in historischen Kostümen die Zeit der Minnesänger und Krämer, Spielleute und Gaukler hochleben lassen. Trommel und Dudelsack erklingen, Puppenspieler zeigen ihre Kunst, und Schankwirte laden zum Umtrunk ein.

Ganz so fest, wie sie auf den ersten Blick wirken, stehen die mächtigen Mauern der Sparrenburg nicht mehr. Fachleute stellten erheblichen Sanierungsbedarf fest, dem sich die Bielefelder nicht zuletzt mit einer Spendenaktion tatkräftig angenommen haben.

Das mittelalterliche Flair des Sparrenburgfests lockt Jahr für Jahr tausende Besucher hinauf auf den Sparrenberg.

Tipp

Von der Kunst des Windmachens Von feineren Sitten als im rauen Mittelalter erzählen die Exponate im Deutschen Fächermuseum in Bielefeld. Fünf Jahrhunderte Kulturgeschichte des Windmachens sind hier versammelt und spannen einen Bogen vom verspielten Rokoko bis hin nach Japan und China (Am Bach 19, Mi. – Fr. 14.30–17.30 Uhr)

Externsteine bei Detmold

Seit Urzeiten ziehen sie Menschen in ihren Bann: die Externsteine in der Nähe von Detmold im Teutoburger Wald. Die bis zu 37 Meter hohen Sandsteinfelsen locken Esoteriker und Druiden, Archäologen und Astronomen sowie zahlreiche Touristen.

Im Mittelalter wurden die Externsteine als christliches Heiligtum verehrt. Ob sie auch schon vor Christi Geburt eine Kultstätte waren, gilt aber als nicht gesichert. Die Wissenschaftler sind zerstritten. Ausgrabungen erbrachten schließlich keinen eindeutigen Nachweis über eine kultische Nutzung in prähistorischer Zeit. Nicht verschwiegen werden soll das große Interesse der Nationalsozialisten an den Sandsteinfelsen. Sollten die Externsteine doch beweisen, dass es eine germanische Hochkultur bereits vor den antiken Hochkulturen des Mittelmeerraums gegeben habe.

2 km westlich von Horn-Bad Meinberg bei Detmold; Bus 792 von beiden Bahnhöfen (Externsteine); tgl. 9.00 bis 19.00 Uhr (März – Okt.); Eintritt: 1,50 Euro.; www.externsteine-online.de

Verschiedenen Überlieferungen zufolge gehörten die Externsteine Ende des 11. Jahrhunderts zum Kloster Abdinghof. Die Mönche schufen aller Wahrscheinlichkeit nach das Felsengrab und errichteten die obere Kapelle. In der unteren Kapelle fand man sogar eine Weihinschrift von 1115. Die älteste aus massivem Fels gehauene Steinmetz-Großplastik nördlich der Alpen, das Kreuzabnahmerelief, datieren Kunsthistoriker auf Mitte des 12. Jahrhunderts. Außerdem wurden die Höhlen wohl als Eremitage genutzt, doch wie so vieles weiß man auch das nicht genau.

Diese Unsicherheiten gelten auch für die Herleitung des Namens. Mutmaßlich kommt er von der Landschaftsbezeichnung »Egge« für einen lang gestreckten Felsgrat. Andere Deutung weisen auf Elsternsteine hin.

Wie auch immer: Die jährlich gut 500 000 Besucher sind fasziniert von diesem Sandsteingebirge en miniature, das modelliert wurde von der Witterung und dem Wasser der Wiembecke. Eine skurrile Felsformation, die man in dieser sonst weitgehend steinfreien Gegend nicht erwartet. Die 13 frei stehenden Einzelfelsen erstrecken sich zusammen über mehrere Hundert Meter Länge. Vor etwa 120 Millionen Jahren entstanden, wurden sie vor rund 70 Millionen Jahren gefaltet: Ehedem waagerecht liegende Gesteinsschichten wurden durch Erdbewegungen senkrecht gestellt.

1926 wies man Felsen und Umgebung zu einem mehr als 140 Hektar großen Naturschutzgebiet aus, wobei die Felsen selbst gleichzeitig unter Kultur- und Naturschutz stehen. Knapp zehn Kilometer lange Wanderwege erschließen den Touristen das Gebiet. Einige der Externsteine dürfen sogar bestiegen werden. Abseits der markierten Wege ist das Klettern und das Betreten der Felsköpfe jedoch grundsätzlich untersagt.

Tipp

Sonnenwende Zur Sonnenwende versammeln sich an den Externsteinen Hunderte von Anhängern von Naturreligionen, Esoteriker und Schamanen in der Nacht vom 20. auf den 21. Juni. Es ist das deutschlandweit größte unorganisierte Treffen dieser Klientel. Wem das zu unheimlich oder zu abgedreht ist: Bodenständiger geht es im Westfälischen Freilichtmuseum Detmold zu, mit 95 historischen westfälischen Gehöften das größte Freilichtmuseum Deutschlands.

Der schroffe Gegensatz, den die Externsteine zur sonst lieblichen Landschaft bilden, machte die imposanten Felsen zu legendenumwobenen Kultstätten.

Bis heute zieht die Magie der Externsteine die Menschen in ihren Bann.

Westfalenstadion Dortmund

Wenn ein Stadion den Beinamen Tempel trägt, dann muss es schon etwas ganz Besonderes sein. Und tatsächlich: Um die Stimmung bei Fußballspielen im Westfalenstadion zu Dortmund zu beschreiben, kommt man an dem Begriff »Gänsehautgefühl« nicht vorbei.

Dortmund hatte Pech. Bei der großartigen Fußball-Weltmeisterschaft 2006 in Deutschland reichte es nur zum Halbfinale. Denn Berlin, die Hauptstadt, musste das Finale bekommen. München, die Hauptstadt des deutschen Fußballs, erhielt wegen der faszinierenden Architektur der nagelneuen Allianz-Arena das Eröffnungsspiel. Und das kleine Finale, in dem die deutsche Fußball-Nationalmannschaft das Spiel um Platz drei gewann, ging nach Stuttgart ins Gottlieb-Daimler-Stadion: ein Tribut an den Sponsor der Nationalelf. Für Dortmund blieb eines der beiden Halbfinalspiele, bei dem das

Stadtbezirk Innenstadt-West; Stadtbahn: U 42 (Theodor-Fliedner-Heim), U 46 (Westfalenhallen), an Spieltagen U 45 (Stadion); www.stadion-live.de, www.bvb.de, www.signal-iduna-park.de

Schon lange vor Spielbeginn füllt sich das Westfalenstadion und die Fans stimmen sich auf die Aufführung in ihrem »Opernhaus« ein.

Westfalenstadion auch noch seinen Nimbus einbüßte. Noch nie hatte eine deutsche Fußball-Nationalmannschaft in diesem Stadion verloren. Ausgerechnet im Halbfinale war es soweit: Der spätere Weltmeister Italien triumphierte 2:0 über Deutschland (womit sich aber ein anderes Fußballgesetz bestätigte: Noch nie hatte Deutschland bei einer WM gegen Italien gewonnen).

Dortmund ist kein Platz zum Repräsentieren. Im Pott wird malocht und gekämpft: Das Vorgänger- und heutige Leichtathletikstadion hieß einst Kampfbahn Rote Erde. Selbst für das neue, wunderbare Stadion musste lange gefightet werden.

Denn der Weg für eine Dortmunder Bewerbung für die Fußball-Weltmeisterschaft von 1974 in Deutschland – und somit auch für den Bau des Stadions – war erst frei, als Köln Anfang der 1970er-Jahre auf einen Stadionneubau und damit auf die WM verzichtete. Am 2. April 1974 wurde die Scala des deutschen Fußballs eingeweiht; zur WM 2006 ist sie noch einmal kräftig mit acht signalgelben, 62 Meter hohen Pylonen, an der die Bedachung hängt, aufgefrischt worden. Die Nähe zum Spielfeld in diesem reinen Fußballstadion (nur sechs bis maximal 35 Meter) und der unglaubliche Lärmpegel, der dadurch entsteht, vor allem aber die Begeisterungsfähigkeit der Fans von Borussia Dortmund (erst Recht, wenn Schalke kommt), machen die Atmosphäre des Westfalenstadions aus, das seit 2005 den Namen Signal-Iduna-Park trägt.

Tipp

Für Fußballmuffel

Zurück in die Saurierzeit, lautet das Alternativprogramm für Fußballmuffel. Schließlich gibt es in Dortmund, im Museum für Naturkunde in der Münsterstraße 271, die größte bekannte Saurierfußspur der Welt zu bestaunen: Sie ist ganze 1,32 Meter lang und wurde von einem Gigantosauropus asturiensis vor rund 145 Millionen Jahren in Nordspanien hinterlassen. Außerdem sind zwei Sauriernachbildungen und das 55 Millionen Jahre alte Skelett des Messeler Urpferdchens zu sehen (www.museumfuernaturkunde.dortmund.de).

Die acht neuen gelben, schon von Weitem sichtbaren Pylone tragen das komplette Dach der Arena.

Duisburger Hafen

Der Duisburger Rhein-Ruhr-Hafen ist der größte Binnenhafen in Europa. Er erstreckt sich über 15 Becken im Mündungsbereich der Flüsse Rhein und Ruhr. Ein Arm des verzweigten Hafensystems ist besonders für Touristen interessant: der Innenhafen.

Als einst Kommissar Schimanski die 550 000-Einwohner-Stadt bundesweit als beliebteste »Tatort«-Stadt etablierte, hatte Duisburg noch das Image einer grauen und leicht schäbigen Industriestätte. »Schimmi« gab mit seinen derben Sprüchen und Methoden den passenden Ton und Typ dazu ab.

Natürlich ist auch heute in Duisburg nicht alles Gold, was glänzt. Und in Ruhrort, der Heimat des größten Binnenhafens des Kontinents, bestimmen noch heute Kräne, Schiffe und Waren, Silos, Lagerhäuser und ein

Im Stadtteil Ruhrort; Bus: Linie 934 (Innenhafen); www.innenhafen-portal.de

rauer Umgang das Bild und den Ton. »Duisport« ist schließlich die Handels- und Verkehrsdrehscheibe der Rhein-Ruhr-Region mit mehr als 300 000 Firmen und einer Branchenvielfalt, die ihresgleichen sucht.

Für Nordseehäfen wie Rotterdam fungiert »Duisport« weiterhin als strategisch wichtiger Hinterland-Hub, den man per Hafenrundfahrt bestens entdecken kann – und auch sollte.

Aber am Beispiel Getreidehafen sieht man, wie sich Duisburg gewandelt hat. Das zum Innenhafen umgestaltete Gebiet ist nun zum Wohnen und Flanieren da. Der ehemalige Brotkorb des Ruhrgebiets mit seinen Getreidemühlen und markanten Speichergebäuden (in einem davon das Kultur- und Stadthistorische Museum) bekam eine Marina für Jachten, die Industriestätten wurden unter Denkmalschutz gestellt. Der britische Stararchitekt Sir Norman Foster leitete den Zeitenwandel mit seinen Plänen seit 1990 ein. Das Wasser sollte in die Stadt zurückgeholt und erlebbar gemacht werden sowie für mehr Lebensqualität sorgen. Es wurde Platz geschaffen für Wohnungen, Kultur und Freizeit, was gleichzeitig neue Investoren anlockte. Der Dienstleistungsbereich zog ein und statt Kraftausdrücken von Hafenarbeitern oder Schimmi flüstern jetzt Mitarbeiterinnen von Callcentern Werbebotschaften in die Welt.

Heute gehört der Duisburger Innenhafen als Industriedenkmal zur Route der Industriekultur. Dort floss vor Jahrhunderten der Rhein. Um 1200 verlagerte er aber sein Bett westwärts und schnitt Duisburg ab. Erst im 19. Jahrhundert war eine Wiederbelebung der Verbindung zum Rhein erfolgreich.

Im Innenhafen beherbergen die ehemaligen Mühlen- und Speichergebäude heute Büros, Museen und Restaurants.

Nächtlicher Blick in die weitläufigen Hafenanlagen.

Markanter Startpunkt für Hafenrundfahrten: die Schwanentorbrücke.

Tipp

Atlantis in Duisburg Atlantis, die versunkene Insel, ist auferstanden: in Duisburg. Das Kindermuseum im Innenhafen bietet Erwachsenen die Möglichkeit, die Kinderwelt wieder zu entdecken. Und die Kinder können ihre Umwelt erforschen, experimentieren, spielend lernen und Spaß haben. Es gibt drei Bereiche: unter der Stadt, in der Stadt und über der Stadt. So entdecken die Kids in der Stadt zum Beispiel das Abenteuer Duisburger Hafen oder sie können direkt ins Fernsehstudio spazieren – an 365 Tagen im Jahr … (www.atlantis-kindermuseum.de).

Düsseldorfer Altstadt

Das Geburtshaus von Heinrich Heine gehört ebenso zur Altstadt von Düsseldorf wie das Rathaus am Marktplatz oder der Alte Schlossturm. Doch für die meisten Besucher ist die Düsseldorfer Altstadt schlicht und einfach nur die längste Theke der Welt.

Düsseldorf wird stets in einem Atemzug mit Paris und Mailand genannt, wenn es um Modetrends geht. Aber in Sachen Superlativ gibt es in der Hauptstadt Nordrhein-Westfalens nur eine Adresse: die Altstadt. Auf nur einem Quadratkilometer drängen sich mehr als 220 Kneipen, Bars und Restaurants, was ihr den Beinamen als längste Theke der Welt eingebracht hat.

Lokal an Lokal, Kneipe an Kneipe – und überall das gleiche Bild: Man vergnügt sich beim gepflegten Altbier – drinnen und draußen, oft sogar bis in den Herbst hinein, wenn

Stadtmitte, zwischen Königsallee und Rheinufer; Stadtbahn: Linien U 70, U 74 – 79, Straßenbahn: Linien 703, 706, 712, 713, 715, Bus: Linien 780, 782, 785 (alle Heinrich-Heine-Allee); www.duesseldorf-altstadt.de

Heizpilze noch für angenehme Temperaturen sorgen. Ein besonderes Flair bieten die Brauhäuser mitten in der Altstadt: Dort strömt das Bier direkt aus dem Kühlkeller. Ähnlich wie beim Karneval sitzen der Bankdirektor und der Maurerlehrling Schulter an Schulter an groben Holztischen, trinken ihr Bier und unterhalten sich. Wobei das klassenlose Vergnügen nicht durch Musik gestört wird.

Aber auch tagsüber hat die Altstadt einiges zu bieten. Am Burgplatz am Rheinufer steht mit dem Schlossturm der letzte Rest des kurfürstlichen Schlosses der Grafen von Berg, das 1872 durch einen Brand zerstört wurde. Der Turm beherbergt seit 1984 das Schifffahrtsmuseum, das mit 120 Modellen einen sehr guten Überblick zur Geschichte der Binnenschifffahrt gibt. Das Rathaus von 1573 mit dem Reiterstandbild Jan Wellems davor zieht ebenso die Blicke auf sich wie die Kirche St. Lambertus aus dem 14. Jahrhundert. Literaturinteressierte gehen dagegen in die Bolkerstraße, um das Geburtshaus des großen Dichters Heinrich Heine zu besuchen.

»Denk' ich an Deutschland in der Nacht, bin ich um den Schlaf gebracht« – für viele der knapp drei Millionen Altstadt-Besucher pro Jahr hat zwar das berühmte Heine-Zitat Bestand, aber doch eher wegen der eingangs erwähnten hohen Kneipendichte. Die Düsseldorfer Altstadt gilt nach Hamburgs Reeperbahn und Rüdesheims Drosselgasse als die Nummer drei der Vergnügungsmeilen der Republik.

Drei Düsseldorfer Wahrzeichen: Pegel, Schlossturm und St. Lambertus.

Die Altstadt der Landeshauptstadt Nordrhein-Westfalens ist auch als »längste Theke der Welt« bekannt. Im Sommer wird sie auf die Straße verlängert.

Die Bierspezialität der Stadt, das süffige, kupferbraune »Alt«, fließt in der Altstadt in Strömen.

Tipp

Ski heil Genug geflirtet und Bier getrunken in der Düsseldorfer Altstadt? Dann über den Rhein ins nachbarliche Neuss und damit ins Wintervergnügen: In der dortigen Schneesporthalle kann man das ganze Jahr über Skifahren (Tageskarte werktags 29 Euro). Nach dem Wedeln trifft man sich in authentischen Almhütten und unter Schirmbars auf eine deftige Jause, die zur Abwechslung mit Glühwein gereicht wird – ganz wie nach einem echten Skitag in den Alpen (www.jever-skihalle.de).

Zeche Zollverein Essen

Einst war die Zeche Zollverein in Essen die größte und modernste Steinkohleförderanlage der Welt. Nach ihrer Schließung 1986 wurde sie unter Denkmalschutz gestellt und 2001 zum Weltkulturerbe der Menschheit ernannt.

Essen, die größte Stadt des Ruhrgebiets mit 600 000 Menschen, Keimzelle der deutschen Schwerindustrie, unabdingbar mit Kohle, Krupp und Stahl verbunden, hat es vorgemacht. Zählte der Ort um 1800 noch 3500 Einwohner, verhundertfachte sich die Bevölkerung bis 1900. Die Industrielle Revolution gebar ihre Kinder: Großstädte, wie es sie zuvor nicht gab. Heute kocht der Pott nicht mehr wegen der Kokereien, sondern aufgrund des Kulturprogramms.

Heute macht Essen sich auf, das Zentrum der noch zu formenden Sechs-Millionen-

Nachts verwandelt sich die Zeche Zollverein durch Beleuchtung in eine gigantische rot glühende Skulptur.

Stadtteil Katernberg; Straßenbahn: Linie 107 (Zollverein); Kernöffnungszeiten tgl. 10.00 – 19.00 Uhr www.zollverein.de

Ruhrmetropole zu werden. 2010 wird die Stadt Europas Kulturhauptstadt sein. Und in der alten Zeche ist nicht nur Gras über Vergangenes gewachsen: Sie hat längst einen unglaublichen Imagewandel vollzogen: 1997 öffnete das Design Zentrum Nordrhein Westfalen seine Pforten im von Norman Foster umgestalteten Kesselhaus der Zeche Zollverein, Schacht XII. Ein Gigant der Industriekultur hatte sich gehäutet.

Nach mehr als 150 Jahren Kohle und Stahl ist die Zeche nun eine Erlebniswelt mit Kunst, Kultur und einem Schwimmbad, das selbst eine Installation inmitten rostiger Industriekulisse ist. Die Betreten-verboten-Schilder sind abmontiert. Heute darf dort jeder stöbern, Besichtigungstouren unter Tage machen oder auf die Hochöfen klettern, den monumentalen Maschinenpark bestaunen oder einfach ein Konzert hören und Gegenwartskunst anschauen.

Die vom Bauhaus-Stil beeinflussten Architekten Fritz Schupp und Martin Kremmer entwarfen diese Kathedrale der Arbeit, die 1932 bei Inbetriebnahme als größte Steinkohleförderanlage der Welt galt, nach streng geometrischen Vorgaben, was dem Motto Kunst und Design auf der Zeche Zollverein jetzt zu Gute kommt.

Tipp

Übernachten mit Ruhrpott-Charme Bei der Zollverein Touristik kann man Privatzimmer in Zechensiedlungen wie Katernberg, Stoppenberg oder Schonnebeck mieten: Authentische Architektur, die besondere Geschichte und ungeschminkter Ruhrpott-Charme machen das Übernachten zu einem Erlebnis (www.zollverein-touristik.de).

Kein Wunder, dass die Zeche Zollverein als »schönste Zeche der Welt« gilt – wer möchte, relaxt hier im Liegestuhl.

Veltins-Arena Gelsenkirchen

Mal ist Robbie Williams zu Gast oder Herbert Grönemeyer, doch meistens spielen die Kicker des FC Schalke 04 und manchmal die Fußball-Nationalmannschaft: in der Veltins-Arena von Gelsenkirchen, dem ersten Stadion Deutschlands mit Schiebedach.

Schön ist die Arena der Schalker nicht unbedingt. Aber sie ist unglaublich funktional: heute ein Rockkonzert, morgen Oper, im Winter Biathlon und samstags Fußball. Damit der dafür nötige Rasen nicht ramponiert wird, rollt man das Spielfeld zwischen den Spielen ins Freie – es ruht auf einer fahrbaren Betonwanne von 11 000 Tonnen Gewicht. Zudem ist es das erste deutsche Stadion, dessen Dach sich komplett öffnen und schließen lässt. Mit 190 Millionen Euro Baukosten ist die Veltins-Arena nach der Münchner Allianz-Arena (340 Millionen Euro) das teuerste Stadion der Republik.

Im Gelsenkirchener Stadtteil Schalke; Stadtbahn: Linie 302 (Arena AufSchalke); www.veltins-arena.de, www.schalke04.de

Im August 2001 wurde das gute Stück eröffnet. Es löste nach nur rund 25 Jahren Betriebszeit das Gelsenkirchener Parkstadion ab, das zur Fußball-Weltmeisterschaft 1974 errichtet worden war. Bei den Fußball-Bundesligaheimspielen der Schalker kommen bis zu 62 000 Zuschauer in die Veltins-Arena. Alle Veranstaltungen zusammen genommen werden jährlich knapp zwei Millionen Besucher gezählt – und die Stimmung ist immer großartig. 2004 war Schalke Austragungsort des Champions-League-Finales und bei der Fußball-Weltmeisterschaft 2006 fanden hier fünf Spiele, darunter ein Viertelfinale, statt.

Das erste komplett privatwirtschaftlich finanzierte Stadion in Deutschland – Infrastrukturmaßnahmen nicht mitgerechnet – bietet seinen Gästen einen überdimensionalen Videowürfel unter dem Dach, damit brenzlige Szenen genauestens nachbetrachtet werden können. Moderne Technologie gilt allerdings auch beim Bezahlen im Stadion: Die bargeldlose, auf Chiptechnologie gestützte Zahlungsweise lässt bei jeder Veranstaltung so einige Restcent und -euro auf der Karte und somit bei den Betreibern. Die verdienen auch gut an den Hospitality-Bereichen: Allein im Businessclub La Ola finden rund 2000 Personen Platz. Dazu kommen weitere knapp hundert Logen und Boxen für die zahlungskräftige Klientel im Pott. Das Einzugsgebiet von Schalke 04 umfasst den größten Ballungsraum Europas: In einem Umkreis von nur 50 Kilometern kann die Veltins-Arena von rund 6,5 Millionen Menschen erreicht werden.

Die Veltins-Arena ist eines der modernsten Fußballstadien der Welt.

Die blau-weiße Schalker Glückseligkeit lässt sich im neuen Stadion noch intensiver erleben.

Blick auf die Dachkonstruktion und den Videowürfel, der hoch über dem Anstoßpunkt hängt.

Tipp

Schalke ist Kult Wer nach Gelsenkirchen fährt, will Fußball sehen. Da ist das Schalke-Museum das richtige Programm, falls es nicht mit Fußballtickets klappt. Zu Hause ist die einzigartige Sammlung historischer königsblauer Ausstellungsstücke am Treppenhaus 12 in der Osttribüne der Veltins-Arena. Auf 600 Quadratmetern werden alte Trikots, Pokale, Siegermedaillen und persönliche Besitztümer der größten Schalker Fußballhelden gezeigt (Di. – Fr. 10.00 – 19.00 Uhr, Sa., So. bis 17.00 Uhr).

Kölner Dom

Deutschlands meistbesuchte Sehenswürdigkeit? Ja, natürlich, es ist der Kölner Dom. Mit rund 6,5 Mio. Besuchern pro Jahr verweist er die Rüdesheimer Drosselgasse oder den Berliner Reichstag mit jeweils lediglich nur rund 3 Millionen Besuchern lässig auf Platz zwei und drei.

Während der Erbauungszeit als größte Kathedrale der Welt geplant, gehört der Kölner Dom bis heute zu den bedeutendsten Bauten der Christenheit. Natürlich zählt er zum Weltkulturerbe der UNESCO und als Wahrzeichen Kölns ist er der symbolische Mittelpunkt der Stadt.

Mit dem Bau des Doms wurde 1248 begonnen, nachdem die Stadt 1164 durch Kaiser Friedrich Barbarossa die Reliquien der Heiligen Drei Könige aus Mailand bekommen hatte. 1560 wurden die Bauarbeiten vorläufig eingestellt. Mit der Romantik kam

Domplatz; tgl. 6.00 – 19.30 Uhr (während der Gottesdienste keine Besichtigung); Turmbesteigung: tgl. 9.00 bis 18.00 bzw. 16.00 Uhr im Winter; www.koelner-dom.de

eine neue Nationalbegeisterung auf, die in der Vollendung des Doms ein Symbol für die Einigung Deutschlands sah. So konnte nach mehr als 600 Jahren Bauzeit 1880 die Vollendung des Doms gefeiert werden.

Trotz der langen Bauzeit kann man den Kölner Dom als Höhepunkt und Erfüllung gotischer Kathedralbaukunst ansehen. In der Auffassung des Mittelalters ist die gotische Kathedrale ein Abbild des Himmels. Ihre Türme und Türmchen bilden die Silhouette der Gottesstadt. Deshalb wird dem Bau alle Schwere genommen, alle Baukörper werden entmaterialisiert, Fenster, Maßwerk und Strebepfeiler verleihen der Fassade Schwerelosigkeit und streben in den Türmen bis zu 157 Meter empor. Mit einer Fläche von 7000 Quadratmetern gilt die Westfassade als größte Kirchenfassade der Welt. Hier befindet sich übrigens das älteste Portal der Kirche, das Petersportal mit den Standfiguren der fünf Apostel.

Der eindrucksvolle Innenraum empfängt sein Licht aus einer Vielzahl von bunten Glasfenstern. Über 100 Pfeiler tragen die Gewölbe, die im Mittelschiff eine Höhe von 43,35 Metern erreichen. Das Abbild der Gottesstadt zeigt vollkommene Harmonie; alle Maße sind Bruchteile oder Vielfache der Seitenlänge des Vierungsquadrats (14,45 m). Wichtigster Schatz ist der Dreikönigsschrein im Hochchor.

»Größeres soll die Christenheit nie schauen« – das war der Wille der Erbauer des Kölner Doms. Diese Ansicht zeigt, dass sie ihrem Ziel recht nahe gekommen sind.

Tipp

Schatzkammer Unbedingt besichtigen sollte man die Domschatzkammer (vor dem nördlichen Langchor, geöffnet: tgl. 10.00 – 18.00 Uhr). Hier werden besonders kostbare Schreine, Reliqiuare und liturgisches Gerät aufbewahrt. Ganz andere Eindrücke bietet eine 20-minütige Multivisionsshow im Kellergeschoss des Domforums (Domkloster 3, tgl. 12.00, 13.30, 15.00 und 16.30 Uhr, So. nur nachmittags). Und danach eine Stärkung? Kölsche Gastlichkeit und rheinische Spezialitäten sorgen bei Früh am Dom (Am Hof 12) für gute Stimmung.

Die Silhouette des Doms prägt das Bild der Kölner Innenstadt – erfolgreich drohte die UNESCO damit, dem Dom den Weltkulturerbestatus abzuerkennen, falls einige Hochhausprojekte verwirklicht würden.

Drachenfels bei Königswinter

Das Siebengebirge ist das älteste deutsche Naturschutzgebiet. Dort verkehrt auch die älteste Zahnradbahn Deutschlands: zum 321 Meter hohen Drachenfels bei Königswinter. Seine Silhouette macht ihn seit mehr als hundert Jahren zum Wahrzeichen.

Es sei der meistbesuchte Berg der Welt, meinen die Betreiber der Drachenfelsbahn, besonders beliebt bei Reisenden aus den Niederlanden, was ihm den Ehrentitel »höchster Berg Hollands« eingebracht habe. Vielleicht gäbe es in der Schweiz den einen oder anderen Berg, der eine bessere Statistik aufweisen könne, schränkt man auf die Frage nach dem Weltrekordbeweis ein, hält aber fest: Seit Inbetriebnahme 1883 fuhren 35 Millionen Menschen mit der ältesten Zahnradbahn Deutschlands, die auf 1,5 Kilometern 220 Höhenmeter bewältigt. Vielleicht ist das alles ein wenig zu hoch gegriffen – in

Siebengebirge bei Königswinter; Zahnradbahn (tgl.), Fahrpreis: 6,50 Euro einfach, 8 Euro hin und zurück, für Kinder auch Eselsritte (April – Okt.) 9 Euro; www.drachenfels.net

der Schweiz wird man über einen 321 Meter hohen Hügel eher milde lächeln –, doch sicher ist: Der Drachenfels ist ein schöner Berg mit Blick über Rhein, Eifel und Kölner Bucht sowie der markanten Ruine der Ritterburg Drachenfels darauf. Aufgrund der abgesetzten Lage am Südende des Mittelgebirgszugs mit insgesamt 42 Spitzen wirkt er sogar etwas höher als er tatsächlich ist.

Hoch über Königswinter thront die Drachenburg, auf der Spitze des Drachenfelsens erhebt sich die Ruine der Burg Drachenfels.

Die Geschichte des dreistöckigen Bergfrieds setzt 1138 ein. Als die Arbeiten 1167 vollendet waren, bestand die Burg aus Palast, Kapelle und Dienstbotentrakt. Seit dem Dreißigjährigen Krieg war Drachenfels allerdings nur noch eine Ruine. Außer dem Mauerstück mit dem Kölner Fenster blieb nur der Turm erhalten. 1922 wurden Ruine und Siebengebirge gleichermaßen unter Schutz gestellt.

Wer zu Fuß geht, kommt auch an Schloss Drachenburg, der 1913 gebauten Nibelungenhalle mit Motiven aus der germanischen Sagenwelt und der Drachenhöhle vorbei. In der Grotte sieht man eine 15-Meter-Skulptur eines steinernen Drachens, echte Reptilien dagegen im nah gelegenen Zoo.

Tipp

Ins Honighäuschen Wer Angst vor Bienen, Wespen oder Hornissen hat, sollte eine Führung – von Mai bis August – am Schaubienenstand Honighäuschen auf dem Drachenfels mitmachen. Dabei wird das Bienenvolk mit Königin, Arbeiterinnen und Drohnen erklärt – hautnaher Kontakt inbegriffen. Pro Jahr gibt es bei knapp 50 Touren vielleicht drei Stiche, teilt der Betreiber mit. Allein in der Wildbienennistwand leben mehr als 450 heimische Arten. Sogar ein Hornissennest kann beobachtet werden (www.honighaeuschen.de).

An der Rheinpromenade von Königswinter mit ihren stattlichen Gebäuden findet sich nach dem Besuch des Drachenfelsens sicher irgendwo ein lauschiges Plätzchen.

Mülheimer Ruhrauen

Wo Schafe mitten im Ruhrgebiet grasen, Angler ihre Leine auswerfen und Pärchen verträumt spazieren gehen, liegen die weitgehend naturbelassenen und unbebauten Ruhrauen von Mülheim an der Ruhr. Die große grüne Lunge reicht bis nach Essen.

Im grünen Paradies am Übergang vom Rheinischen Schiefergebirge zur Niederrheinischen Tiefebene spazieren die Mülheimer am liebsten. Die Ruhrauen sind keineswegs ein künstlich angelegter Park, sondern vielmehr eine gewachsene Naturlandschaft, die wenig bebaut ist. Hinter den Auen wird zwar fleißig Landwirtschaft betrieben, doch vorne an den Ufern der Ruhr gibt sich die grüne Oase als Naherholungsgebiet für die Menschen, gleichzeitig aber auch als umfangreiches geschütztes Areal für Flora und Fauna. So hat sich in den letzten Jahren zum Beispiel wieder der seltene Eisvogel

Südlich der Stadtmitte bis Essen-Kettwig; Bus zum Wasserbahnhof: Linie 151 (Dohne); Weiße Flotte: Mitte April – Okt.; www.muelheim-ruhr.de

Gäste einer Bootstour durch die Mülheimer Ruhrauen – im Wikingerschiff »MüWi«.

Das entspricht nicht dem Klischee: Natur pur mitten im Ruhrgebiet.

dort angesiedelt. Und Schafe sorgen auf natürliche Weise für die entsprechende Landschaftspflege.

Ausgangspunkt für die meisten Spaziergänger ist der Wasserbahnhof auf der Schleuseninsel am Rand der Mülheimer Innenstadt, ein Wahrzeichen der Stadt. So heißen die Anlegestelle der Weißen Flotte und namensgleich ein Restaurant, das sich – ursprünglich ein Kiosk – seit den 1920er-Jahren stetig gemausert hat. Als Bahnhof ohne Gleise verband er die vom Oberwasser aus Essen kommenden Schiffe mit den Booten auf dem Unterwasser, die nach Duisburg fuhren, und diente vom ersten Tag im Jahr 1927 als Umsteigestation für Ausflügler.

Von der City kommend, bestimmen zunächst noch auf der rechten Flussseite die Hafenanlagen das Bild der Ruhrauen, während auf der linken Seite schon ganz die Natur das Sagen hat. Besonders in der Blütezeit im Frühjahr bieten die Felder den Schiffsausflüglern, Spaziergängern, Reitern und Radfahrern einen herrlichen Anblick. Auf der bis nach Essen-Kettwig etwa 14 Kilometer langen Strecke entlang der Ruhr sind rund zwei Drittel mit Wegen und Pfaden versehen. Man findet noch den historischen Leinpfad, an dem Kohleschiffe früher an Leinen gezogen wurden. Und man sollte sich einen kleinen Abstecher ins Hinterland der linken Ruhrseite gönnen: ins Kloster Saarn, einer Zisterzienserinnenabtei aus dem 13. Jahrhundert mit schönem Kreuzgang.

Tipp

Wie die Wikinger Für Gruppen und Familien gibt es neben der Fahrt mit der Weißen Flotte auch die abenteuerliche Variante: eine Ruderpartie mit dem Wikingerschiff »Müwi«. Von Mitte April bis Mitte Oktober bietet das Zwölf-Meter-Schiff Platz für 14 Personen. Die zwei- oder vierstündigen Touren starten in Essen-Kettwig und führen flussabwärts zum Wasserbahnhof in Mülheim (ab 175 Euro pro Gruppe, Tel. 0208/9609629).

Auf den Schiffen der Mülheimer »Weißen Flotte« erleben die Gäste die reizvolle Landschaft des Ruhrtals vom Wasser aus.

Prinzipalmarkt Münster

In Münster gibt es rund 70 Kirchen, etwa 700 Kneipen und eine der größten Universitäten in Deutschland. Die hat ihren Hauptsitz im Schloss, doch das urbane Herz schlägt am Prinzipalmarkt, wo noch heute ein Turmbläser tätig ist.

Laubengänge und Giebelhäuser, Rathaus und Dom – der Prinzipal- oder Hauptmarkt von Münster gehört zu den schönsten Innenstadtstraßen des Landes. Obgleich die gotisch geprägten Fassaden und die mit dreistöckigen Giebeln versehenen Häuser meist Nachbildungen aus der Zeit nach dem Zweiten Weltkrieg sind. Die ursprünglichen Gebäude aus dem 14. bis 17. Jahrhundert wurden beinahe ausnahmslos im Krieg zerstört.

Im Vorgänger des prächtig gen Himmel strebenden Rathauses wurde die Grundlage für

Prinzipalmarkt; Bus: Linien 14 und 20 (Prinzipalmarkt); Dom: 6.30 – 18.00 (werktags) bzw. bis 19.30 Uhr (Sonn- und Feiertage); www.muenster.de

Der Prinzipalmarkt mit mittelalterlich wirkenden Bögen und Giebeln ist das Herz der Stadt. Von seinen Laubengängen aus (links) kann ihn der Besucher in aller Gemütsruhe bestaunen.

den Westfälischen Frieden geschaffen, der 1648 den Dreißigjährigen Krieg beendete. Im Friedenssaal kann man die Porträts der Verhandlungsführer sehen. Neben dem Rathaus steht das Stadtweinhaus, das wichtigste Giebelhaus der münsterschen Spätrenaissance, in dem sich Stadtwaage und Weinkeller des Rates befanden, von dessen Laube aus aber auch Gerichtsurteile verkündet wurden. Vis-à-vis zeugt der Dom St. Paul von der Bischofsstadt Münster. Die jährlich knapp 500 000 Touristen staunen über die Monumentalfiguren im Inneren und über die astronomische Uhr von 1542, besonders beim Glockenspiel um 12 Uhr.

50 000 Studenten bestimmen das Bild der Stadt und 300 Kilometer Radwege führen durch die nur auf 62 Meter über Null gelegene City: Damit ist Münster die Fahrradhauptstadt Deutschlands. Außerdem beherbergt man – gemessen an der Einwohnerzahl – mit 220 Gruppen die meisten Rockbands. Selbst der »höchste« Angestellte der Stadt musiziert. Er hat Philosophie studiert, mit Magister Artium abgeschlossen, und bekleidet derzeit seinen 18. Job. Wolfram Schulze erklimmt seit zwölf Jahren täglich 298 Stufen, um im 75 Meter hohen Turm am nördlichen Ende des Prinzipalmarkts seiner Arbeit nachzugehen: Er ist der Turmbläser von Lamberti. Zuvor war er unter anderem Weber, Buchbinder, Archivar, Betreiber einer philosophischen Praxis, Putzhilfe, Wissenschaftler. Zu jeder halben und vollen Stunde zwischen 21 und 24 Uhr bläst der 62-Jährige sein Horn und blickt gelassen auf die Stadt herab.

Einst wurde hier europäische Geschichte geschrieben: Im gotischen Rathaus wurde der Westfälische Friede ausgehandelt.

Tipp

Picasso in Münster Deutschlands einziges Picasso-Museum liegt in der Königsstraße, die vom südlichen Ende des Prinzipalmarkts abzweigt. Hier ist mit etwa 900 Exponaten das einmalige, nahezu vollständige grafische Werk von Pablo Picasso zu finden. Die Lithografien verraten viel von der Persönlichkeit des Künstlers, von seinem Selbstverständnis, seinen persönlichen Auffassungen und von seinem privaten Leben (Königsstr. 5, tgl. außer Mo. 11.00 – 18.00 Uhr, Eintritt: 6 Euro).

Gasometer Oberhausen

Er ist ein Stück Industriekultur und gleichzeitig die höchste Ausstellungshalle Europas. Und er ist das Wahrzeichen der Stadt Oberhausen: Der Gasometer, der sogar schon von dem Künstlerpaar Christo und Jeanne-Claude geadelt wurde.

Genau 13 000 bunt lackierte Ölfässer stapelten die Christos zu einer gigantischen Mauer im Gasometer übereinander. Von heute auf morgen kam Oberhausen, oft die Wiege der Ruhrindustrie genannt, in die Schlagzeilen und die Kunstszene feierte die Ausstellung »The Wall« in dem 117 Meter hohen und 67 Meter breiten Industriedenkmal. 13 000 Öltonnen in einer riesigen Gastonne – das hatte schon was …

Natürlich ist nicht jeden Tag solch ein Hochkaräter zu besichtigen, aber verstecken muss sich der Gasometer als Ort der Kunst

Im CentrO; ab Hauptbahnhof mit allen Bussen und Stadtbahnen (Neue Mitte); Di. – So. 10.00 – 18.00 Uhr; Eintritt: 6 Euro.

und Kultur schon lange nicht mehr. Es gibt nicht nur Ausstellungen, sondern auch Konzerte, Varieté- oder Artistikvorstellungen, Lesungen, Rund-um-Kino oder Theaterauf-führungen sowie gelegentlich Kongresse. Seit seiner Eröffnung und Neubestimmung kamen etwa zwei Millionen Besucher, im Durchschnitt jährlich mehr als 150 000 Menschen, um sich wechselnde Ausstellungen oder Events in diesem beeindruckenden Monument der Technikgeschichte anzuschauen. Und wenn er einmal ohne Kunst ganz leer steht, hat man ein gigantisches Raumerlebnis wie in einer Kathedrale: Mattschwarze Stahlwände, die von oben mit Tageslicht beschienen werden. Ein überdimensionales Kaleidoskop – noch dazu mit achtfachem Echo aus allen Richtungen, was dem Hohlkörper eine besondere Akustik, auch bei Konzerten, verleiht.

Mit dem gläsernen Außenaufzug kann man aufs Dach fahren, das CentrO bestaunen, die neue Mitte Oberhausens und gleichzeitig Europas größter Einkaufspark, der in unmittelbarer Nachbarschaft des Gasometers gewachsen ist, sowie einen Rundumblick aufs Ruhrgebiet wagen. Spätestens jetzt wird einem auch die Dimension des Polygons klar: Der Industriegigant war einst Europas größter Gasspeicher. Er wurde 1929 seiner Bestimmung übergeben, hatte ein Nutzvolumen von 347 000 Kubikmetern Koksgas, das im Umland gewonnen, und später Erdgas, das zugeliefert wurde. Der Zwischenspeicher – mit seiner Hilfe konnten die Gaswerke gut auf Verbrauchsschwankungen reagieren – wurde erst 1988 stillgelegt: Er war überflüssig geworden.

Innen überrascht der Gasometer mit so gigantischen Installationen wie der des US-Künstlers Bill Viola, der dort fünf Projektionsflächen von der Größe eines Einfamilienhauses aufspannen ließ.

Der Gasometer ist die größte und wohl außergewöhnlichste Ausstellungshalle Europas – ein Symbol für das moderne Ruhrgebiet.

Tipp

Durchs Ruhrgebiet

Oberhausen und Duisburg im Westen, Dortmund im Osten, Gelsenkirchen, Essen und Bochum in der Mitte: So könnte die noch zu gründende Ruhrstadt mit dann wohl sechs bis sieben Millionen Einwohnern aussehen. Besucher des Ruhrgebiets sollten die Chance nutzen, die Megastadt von morgen schon jetzt kennen zu lernen. Der rote Faden der Tour de Ruhr sind 25 Industriekulturstätten, die man miteinander verbinden kann: von der Halde, Kokerei und Zeche bis zum Deutschen Bergbau-Museum (www.route-industrie kultur. de).

Nachts verleiht die Beleuchtung dem Industriedenkmal einen futuristischen Touch.

Rathausplatz Paderborn

200 Quellen geben dem beschaulichen Städtchen Paderborn ein besonderes Flair. Am liebsten sehen die Einwohner allerdings ihre gute Stube als Aushängeschild in der Öffentlichkeit: den Rathausplatz und das dreigiebelige Historische Rathaus.

Paderborn gehört zu den deutschen Städten in der Provinz, die sich einen der hoch subventionierten Regionalflugplätze leisten. Starts und Landungen am Flughafen Paderborn/Lippstadt sind aber im Sinkflug begriffen. Das sehen die Oberen in ihrem schmucken Rathaus natürlich gar nicht gern. Doch es ist so wahr wie die Tatsache, dass die Ratsherren den Rathausplatz teilen müssen – etwa mit der »Bar Celona« oder einem Geschäft für Umstandsmoden.

Das Historische Rathaus wurde im Stil der Weserrenaissance von 1613 bis 1620 erbaut

Bus: Linien 2 bis 4 und 7 bis 9 (Rathausplatz);
Libori-Fest: neun Tage Ende Juli;
Auskunft: www.paderborn.de

Dem stimmungsvollen Weihnachtsmarkt verleiht die historische Rathausfassade ein ganz eigenes Flair.

und zeigt mit seinen drei Giebeln deutlich an, dass dort Paderborns Politik gemacht wird. Genau genommen im Obergeschoss, wo sich der große Ratssaal und der Arbeitssitz des Stadtparlaments befinden. Der Saal dient auch für offizielle Empfänge und Feierlichkeiten. 1263 baute man erstmals ein Rathaus in Paderborn, vom zweiten gibt es im noch jetzt bestehenden ein paar Reste, die integriert wurden.

Im Mittelalter war der Rathausplatz zugleich Marktplatz für die Paderborner Händler. Erst 1604 wechselte der Markt auf den heutigen Marktplatz beim Dom. Kennzeichnend für den Rathausplatz ist neben dem Rathaus aber auch einer der so genannten Kümpe. Aus einem Kump holten sich die Paderborner Paderwasser, das per hölzerner Rohrleitung hertransportiert wurde – belegt seit dem 15. Jahrhundert! Den Süden des Platzes begrenzt die 1692 geweihte Marktkirche, eine ehemalige Jesuitenkirche. Das Gotteshaus und mit ihr der größte Barockaltar Norddeutschlands wurde 1945 völlig zerstört. 1958 war der Wiederaufbau, 2004 die Rekonstruktion des Altars beendet.

Im Winter ist der Rathausplatz ein Teil des Weihnachtsmarkts, im Sommer ein großer Biergarten. Und während der Libori-Festwoche Ende Juli zu Ehren des Stadtpatrons, des heiligen Liborius, sprudelt auf dem Rathausplatz an jedem Tag der Paderborner Bierbrunnen. Dort schenkt der Jubelhennes jedem Durstigen ein Paderborner Bier in den speziellen Libori-Krug. Kein Wunder, dass die Paderborner ihren Rathausplatz so lieben.

Einer der religiösen Höhepunkte des Liborifests ist die Liboriprozession. Darauf, dass das Fest für die Paderborner auch profaneren Wert hat, lässt schließen, dass sie es gern als ihre »Fünfte Jahreszeit« bezeichnen.

Als Treffpunkt dient der historische Brunnen vor dem Rathaus.

Tipp

HNF Hinter diesem Kürzel verbirgt sich das Heinz-Nixdorf-Museum, das größte Computermuseum der Welt. Es zeigt die Geschichte der Informationstechnik ebenso wie die neuesten Entwicklungen bei Computerspielen und Software. Für Kinder besonders interessant: Anfassen, Ausprobieren und Mitmachen sind ausdrücklich erwünscht (Fürstenallee 7, Di. – Fr. 9.00 – 18.00, Sa. und So. ab 10.00 Uhr).

Hermannsdenkmal im Teutoburger

Vor knapp 2000 Jahren bezog das römische Heer im Teutoburger Wald eine vernichtende Niederlage gegen Hermanns Germanen. Es war das Ende für die Römer auf rechtsrheinischem Territorium. Im national-romantischen 19. Jahrhundert errichtete man das Hermannsdenkmal.

Siegreich streckt er das 7,5 Meter lange Schwert in den Himmel: Hermann, der eigentlich Arminius hieß und mit seinen Mannen die Schlacht im Teutoburger Wald – Hermannsschlacht genannt –, gegen drei Legionen des Varus gewann. In der Literatur wird der Kampf deshalb öfters auch als Varusschlacht bezeichnet.

Es war im Herbst im Jahr 9 nach Christus, als die germanischen Stämme mit dem Cheruskerfürsten Arminius alias Hermann an der Spitze das Ende der römischen Versuche einleiteten, auch die rechtsrheini-

Detmold, Ortsteil Hiddesen; Bahn: bis Detmold, dann Bus 79, Auto: A 2 und A 33; Galerie: tgl. 9.00 – 18.00 (März bis Mitte Okt.), 9.30 – 16.00 Uhr (Mitte Okt. – Feb.); Eintritt: 1,30 Euro; www.hermannsdenkmal.de

Wald

schen Gebiete Germaniens zu einer Provinz des Römischen Reiches zu machen. Um die 20 000 römische Soldaten sollen an der Schlacht beteiligt gewesen sein. Nur wenige überlebten.

Für das Denkmal zur Erinnerung an die Zurückweisung der Römer legte man 1838 den Grundstein, 1875 wurde es eingeweiht: Sein Schöpfer, Ernst von Bandel, legte die Gesamthöhe der Ruhmesstätte auf 56 Meter fest, 30 davon für den Unterbau. Die ersten Pläne zur Errichtung eines Hermannsdenkmals wurden von Landgraf Friedrich V. von Hessen-Homburg gegen Ende des 18. Jahrhunderts gefasst. Wegen der Napoleonischen Kriege und wegen Geldmangels kam der Plan jedoch nicht zur Ausführung. Der zweite Versuch, zwischen 1813 und 1819, schlug ebenfalls fehl. 1837 wurde es mit der Gründung des Vereins für das Hermannsdenkmal dann aber konkret. Doch 1844 geriet der Bau, abermals aus finanziellen Gründen, ins Stocken. Bandel opferte sein Privatvermögen, ohne jedoch eine Wende herbeiführen zu können. Erst 1869 konnten die Arbeiten intensiv fortgesetzt werden: König Wilhelm I. von Preußen besuchte Bandels Werkstatt in Hannover. Über das Ereignis berichteten alle Zeitungen, woraufhin des Königs sowie andere notwendige Gelder flossen.

Heute kommen bis zu zwei Millionen Touristen pro Jahr in den Teutoburger Wald zum Hermannsdenkmal, das in einer auf dem 386 Meter hohen Teutberg gelegenen Ringwallanlage, der so genannten Grotenburg, errichtet wurde.

Hermann der Cherusker und sein Denkmal locken Millionen in den Teutoburger Wald – und das Geschäft mit den Souvenirs blüht.

Tipp

Wo es wirklich war

Lange glaubte die Historikerzunft, Hermann habe die Römer bei Detmold besiegt. Doch 1987 hat ein britischer Ex-Offizier und Hobbyhistoriker durch seine Funde belegt, dass die Schlacht bei Kalkriese, 12 km nördlich von Osnabrück stattfand. Im »Archäologischen Erlebnispark« werden die Schlacht nacherzählt und viele Fundstücke gezeigt (tgl. 10.00 – 18.00 Uhr; www.kalkriese-varusschlacht.de).

Hermann der Cherusker ist die bekannteste Gestalt der germanischen Frühgeschichte – weniger bekannt ist, dass er den Römern einst als Offizier gedient hatte.

Wuppertaler Schwebebahn

Es gibt die New Yorker U-Bahn und die Cable Car von San Francisco, die Londoner Doppeldeckerbusse, die Tuk-Tuk von Bangkok und die Gondeln in Venedig. Alle sind weltbekannt. Aber es gibt nur eine Personenschwebebahn: in Wuppertal.

Wenige Städte haben ein Verkehrsmittel als Wahrzeichen. In Wuppertal wurde es sogar zum Sinnbild. Was kennt man von der 400 000-Einwohner-Stadt? Theaterspezialisten bringen das Tanztheater Pina Bausch ins Spiel, Uhrenliebhaber das Uhrenmuseum. Aber allen anderen fällt zu Wuppertal als erstes die Schwebebahn ein – zumindest seit der Wuppertaler SV im Fußball keine Rolle mehr spielt.

Doch die unter Denkmalschutz stehende Schwebebahn ist mehr als nur ein Wahrzeichen: Sie stellt einen wichtigen Teil im Nah-

Verlauf: zwischen Wuppertal-Oberbarmen und Wuppertal-Vohwinkel über Stadtmitte und Hauptbahnhof; tgl. 6.00 - 23.30 Uhr.; Fahrpreis: 1,85 Euro; www.schwebebahn.de

Den größten Teil ihrer Strecke folgt die Schwebebahn dem dem engen Tal der Wupper.

verkehrskonzept dar – und das schon seit mehr als hundert Jahren. Offiziell ist die aufgehängte Straßenbahn eine einschienige Hängebahn, von Eugen Langen patentiert, 1900 gebaut, ein Jahr später in Betrieb genommen und bis heute als Teil des Verkehrsverbunds Rhein-Ruhr (Stadtbahn 60) ein zuverlässiges Nahverkehrsmittel. Für Straßenbahnen war zu wenig Platz, für eine U-Bahn der Untergrund zu schlecht.

Die Bahn fährt auf zehn Kilometern Länge zwölf Meter über der Wupper und die restlichen 3,3 Kilometer über den Straßen. Sie verbindet Wuppertal-Oberbarmen mit Wuppertal-Vohwinkel in einer halben Stunde. An 20 Haltestellen kann zu- oder ausgestiegen werden. Pro Jahr wird das Gefährt 23 Millionen Mal genutzt, was bis zu 75 000 Fahrgäste pro Tag bedeutet.

Die Schwebebahn wird elektrisch angetrieben und erreicht eine Höchstgeschwindigkeit von 60 Kilometern pro Stunde. Derzeit sind 27 Waggons im Einsatz, von denen jeder 48 Sitz- und 156 Stehplätze bietet. Sie sind gut 24 Meter lang und verfügen alle über eine Bergungsbrücke. Keine kam jedoch je zum Einsatz, obgleich es schon öfters Störungen gab. Aber nur einmal ereignete sich ein Unfall mit Todesfolge: Am Bahnhof Robert-Daum-Platz erinnert eine Gedenktafel an den 12. April 1999, als ein Waggon in die Wupper stürzte, fünf Fahrgäste zu Tode kamen und 47 verletzt wurden. Nach Bauarbeiten war eine Kralle nicht von der Schiene entfernt worden.

Tipp

Der 28. Waggon Die Schwebebahn hat noch einen 28. Waggon: den Kaiserwagen von 1900. Mit ihm fuhren Wilhelm II. und Gemahlin Auguste Viktoria zur Eröffnung der Schwebebahn über die Stadt. Stilecht restauriert, startet er regelmäßig zu 80 Minuten dauernden Rundfahrten ab und bis Wuppertal-Vohwinkel. Ein Stadtführer erzählt bei Kaffee und Kuchen über die Historie von Bahn und Stadt. Einen Platz sollte man sich unbedingt vorab reservieren (14,50 Euro, Tel.: 0202/19433).

An zwanzig Haltestellen nimmt die Bahn ihre Fahrgäste auf.

Archäologischer Park Xanten

Colonia Ulpia Traiana – so hieß die Römersiedlung nördlich von Xanten. Kaiser Trajan verlieh dem Lager einst den Rang einer Stadt. Der Archäologische Park bietet einen Rundweg an, der das Leben von anno dazumal skizziert.

Die Beamten in der Verwaltung waren noch keine Controller. Und statt in die Wellnessanlage ging man ins Bad. Die Stadtmauer schützte die rechtwinklig angelegten Straßen – schon damals mit Kanalisation –, Forum, Tempel, Thermen und ein Amphitheater. Auf 900 mal 900 Metern gab es alles, was eine Stadt ausmachte, plus außerhalb des Stadtgebiets den Rheinhafen. All das gehörte zum Bauprogramm wie heute Marktplatz, Kirche, Schwimmbad und Stadion. Bei einem Bummel durch den Archäologischen Park in Xanten lässt sich beides gut vergleichen.

Nördlich der Stadt; Bus: Linie 42 (Archäologischer Park); tgl. 9.00 – 18.00 (März – Okt.), bis 17.00 (Nov.), 10.00 bis 16.00 Uhr (Dez. – Feb.); Eintritt: 6,50 Euro bzw. 5,50 Euro (Dez. – Feb.); www.apx.lvr.de

Zur Veranschaulichung dessen baute man im Park einige Modelle in Originalgröße, rekonstruierte Bauten, ließ aber auch einige Reste der römischen Anlage in dem Zustand, wie man sie nach Ausgrabungen vorfand. Den Archäologen darf an manchen Stellen übrigens über die Schulter geschaut werden. Gut 250 000 Besucher tun das auch pro Jahr.

Im 1. Jahrhundert vor Christus geriet der Niederrhein ins Blickfeld der Römer. Es war die Zeit, als ihr Reich so groß wie nie war und von Spanien bis Syrien und von Afrika bis Britannien reichte. Aus einem der Militärlager am Niederrhein wurde eine Siedlung, die um 100 nach Christus von Kaiser Trajan den Rang einer Stadt verliehen bekam: Colonia Ulpia Traiana hatte bis zu 10 000 Einwohner. Nur 150 Städte durften sich Colonia nennen.

Vier Jahrhunderte später verließen die Bewohner ihre Stadt. Im 8. Jahrhundert gründete man ein Stift zu Ehren des römischen Märtyrers Victor. Über dem Grab des Heiligen wurden zunächst eine Kapelle, dann eine Kirche und schließlich der Dom gebaut. Darum gruppierte sich das neue, das mittelalterliche Stadtzentrum. Das Gebiet der Colonia Ulpia Traiana bekam keine Überbauung mehr. 1228 erhielt Xanten das Stadtrecht. In den 1950er-Jahren plante man auf dem Gelände der antiken römischen Stadt ein Gewerbegebiet, was aber glücklicherweise verworfen wurde. Ab 1973 nahm man sich dafür des Archäologischen Parks an, der vier Jahre später eröffnet wurde und inzwischen unter Denkmalschutz steht.

Die Ausgrabungen im Archäologischen Park Xanten dienen auch der realitätsnahen Ausbildung künftiger Archäologen.

Zu den Höhepunkten im Archäologischen Park gehört die Rekonstruktion des hoch aufragenden Jupitertempels.

Selbstverständlich wandeln hier auch zahlreiche Schulklassen auf den Spuren der Römer.

Tipp

Schwerter, Brot und Spiele So lautet alle zwei Jahre im Archäologischen Park zu Xanten das Motto eines spektakulären römischen Festes. Zu sehen sind Legionäre, Architekten, Händler, Kaufleute, Schuster, Schmiede, Köche, Weberinnen, Filzer, Schreiber, Gaukler, Musiker, Ringer und Gladiatoren. Sie werden von mehr als 300 Darstellern verkörpert und lassen die Römerzeit in authentischer Umgebung wieder lebendig werden. Das nächste Fest findet am 16. und 17. Juni 2007 statt (www.roemerfest-xanten.de).

Rheinland-Pfalz

Weinreben und Moselromantik: Das ist nur die eine Seite der Pfalz. Freiheit in Schwarz – Rot – Gold zu Hambach und das Deutsche Eck, monumentale Dome in Speyer und Mainz sowie die Formel 1 am Nürburgring komplettieren das Bild.

Hambacher Schloss

Von weitem sichtbar, am Rande des Naturparks Pfälzerwald, liegt das Hambacher Schloss oberhalb von Neustadt an der Weinstraße. Seit dem Hambacher Fest gilt die Burg als die Wiege der deutschen Demokratie und 1832 als deren Geburtsjahr.

Bundespräsident Theodor Heuss nannte das Hambacher Fest einst »die erste Volksversammlung der neueren deutschen Geschichte«. »Hinauf Patrioten zum Schloss, zum Schloss!« lautete der Ruf am 27. Mai 1832. Und knapp 30 000 Menschen folgten ihm. Sie forderten Freiheit und Einheit und protestierten gegen zu hohe Steuern und Zölle. Und sie kämpften für Presse- und Versammlungsfreiheit, die Gleichberechtigung der Frauen, aber vor allem für ein vereintes Deutschland. Für die deutsche Geschichte markiert das Hambacher Fest deshalb auch die Geburtsstunde der Demokratie.

Oberhalb von Neustadt an der Weinstraße; Bus: Linie 502 ab Hauptbahnhof Neustadt; tgl. 10.00 – 18.00 Uhr; www.hambacher-schloss.de

Genau genommen liegt das Hambacher Schloss in dem Winzerdorf Hambach, das heute ein Stadtteil von Neustadt an der Weinstraße ist. Erste Erwähnungen gehen bis ins Jahr 350 zurück, als von einer spätrömischen Höhensiedlung die Rede war. Um 1000 wurde unter den salischen Kaisern die Burg gebaut. Die Anlage beherrschte später sowohl als Schutz- wie auch als Raubritterburg die sich bei Neustadt kreuzenden Handelswege. Aufständische Bauern plünderten die Burg 1525 im Bauernkrieg, weitere 27 Jahre später wurde sie bei einem Raubzug zerstört. 1797 ging das Hambacher Schloss in französischen Staatsbesitz über. 1816, nach dem Wiener Kongress, gelangte die Burg, wie die gesamte Pfalz, in bayerische Hände. Bis nach dem Zweiten Weltkrieg blieb das Hambacher Schloss Ruine. 1952 begannen erste Aufbauarbeiten, aber erst zur 150. Wiederkehr des Hambacher Festes erstrahlte die Burg 1982 wieder in altem Glanz. Nur Sandstein, Schmiedeeisen und Holz durften verwendet werden.

200 000 Besucher pro Jahr kamen zuletzt, um sich die eher unscheinbare Wiege der deutschen Demokratie anzusehen und danach von der Schlossschänke die wunderbare Aussicht auf die Weinberge, die oberrheinische Tiefebene und den Pfälzer Wald zu genießen. Bis 25. Mai 2007 wird das Hambacher Schloss für weitere umfangreiche Renovierungsarbeiten geschlossen sein. Bis zur Wiedereröffnung haben Besucher lediglich auf einem Teil des Außengeländes Zutritt.

2007 jährt sich das Hambacher Fest zum 175. Mal – zweifellos wird es dann wieder ein Schlossfeuerwerk geben.

Am Hambacher Schloss strömten am 27. Mai 1832 viele tausend freiheitsliebende Bürger aus allen Teilen Deutschlands zusammen und feierten das »Hambacher Fest«, das heute als Geburtsstunde der Demokratie in Deutschland gilt.

Tipp

Jagd auf die Elwedritsche Die Bayern haben den Wolpertinger, die Pfälzer die Elwedritsche. Wer einmal eines solch sagenhaften Wesens ansichtig werden will, kann sich in Neustadt an der Pfalz zu Füßen des Hambacher Schlosses an einer Elwedritschenjagd beteiligen. Die beginnt traditionell im Wirtshaus, wo bis Mitternacht unter Zuhilfenahme einiger Schoppen die Taktik ausgetüftelt sein muss ... (www.gruppenreisen.pfalz.com/tages-elwedritsche jagd.html)

Das Hambacher Schloss liegt auf dem nach ihm benannten 325 Meter hohen Schlossberg. Im Osten schließt sich die etwa 200 Meter tiefer gelegene Oberrheinische Tiefebene an.

Deutsches Eck Koblenz

Wo Rhein und Mosel aufeinandertreffen, Ehrenbreitstein über dem Ufer thront und Kaiser Wilhelm I. von seinem Sockel grüßt, findet man das berühmte Deutsche Eck in Koblenz, das Denkmal für die Deutsche Einheit und die Wiedervereinigung.

Im Gegenlicht wirkt der 14 Meter hohe Kaiser besonders dramatisch: Wenn im Westen die Sonne untergeht und der Blick von der rechtsrheinischen Seite auf das mächtige Standbild am Deutschen Eck fällt, fühlt man sich fast ein wenig in kaiserliche Zeiten versetzt. Entstand das Kaiser-Wilhelm-Denkmal doch ursprünglich zwischen 1888 und 1897. Und selbst die Replik von 1993 gibt der Landzunge Aura.

Aber auch die Mosel hat ihre Schokoladenseite: Vom linken Ufer aus gesehen erhebt sich hinter dem 37 Meter hohen Kaiserdenk-

Am Zusammenfluss von Rhein und Mosel; Bus: Linie 1 (Deutsches Eck); www.koblenz.de

mal auf der gegenüberliegenden Rheinseite die Festung Ehrenbreitstein, eine der größten Anlagen dieser Art am Rhein.

350 Zentner war der Bronzekaiser auf seinem Sockel schwer. Die Figur wurde kurz nach dem Tod Wilhelms I. als Dank für die durch ihn herbei geführte Einigung des Deutschen Reichs geschaffen. Nach der Zerstörung im Zweiten Weltkrieg ersetzte man das ehemalige Denkmal zunächst durch einen Mast und die deutsche Fahne, was gleichzeitig zu einem Symbol für die Gründung der Bundesrepublik und zum Mahnmal der Deutschen Einheit wurde. Dies änderte sich 1993, als ein Privatmann eine Kopie des Standbilds des Kaisers samt Pferd und Siegesgöttin stiftete. Inzwischen war Deutschland bekanntermaßen wiedervereinigt, weshalb seitdem die Fahnen der 16 Bundesländer auch an die Wiedervereinigung erinnern.

107 Stufen umgeben das Monument und führen zum oberen Aussichtsring. Jährlich stehen knapp eine halbe Million Besucher aus aller Welt an diesem national bedeutenden Platz, wo auch drei Reststücke der Berliner Mauer zu sehen sind. Der Name der Landzunge Deutsches Eck rührt übrigens von dem 1216 gegründeten Deutschen Orden her, der sich in Koblenz an dieser Stelle mit seiner Zentrale ansiedelte. Aus »Deutschherrenhaus« wurde »Deutscher Ordt« und schließlich »Deutsches Eck«. Seit 2002 ist es Teil des Weltkulturerbes Oberes Mittelrheintal.

Seit 1993 blickt Kaiser Wilhelm I. hoch zu Ross wieder hinab aufs Deutsche Eck, als wäre er nie fort gewesen.

Den Standort des Denkmals am Zusammenfluss von Rhein und Mosel bestimmte Kaiser Wilhelm II.

Tipp

Rhein in Flammen

Alljährlich, in fünf Nächten zwischen Mai und September steht Vater Rhein in Flammen. Was fast martialisch klingt, ist ein gigantisches Feuerwerk zwischen Rüdesheim und Bonn. Das Deutsche Eck gehört zu den schönsten Plätzen, an denen man dieses Spektakel verfolgen kann: Raketen steigen in die Höhe, bengalische Feuer beleuchten die Ufer und die Burgen, während sich Feuerkaskaden von den Rheinhängen ins Tal ergießen (www.rhein-in-flammen.com).

Aus der Vogelperspektive ist der obere Aussichtsring gut zu erkennen.

Loreley und Oberes Mittelrheintal

Seit 2002 gehört das Obere Mittelrheintal, jene 65 Kilometer von Bingen bis Koblenz, zum Weltkulturerbe der UNESCO, obwohl alle Burgen doch nur wiederaufgebaute Zeugen des 19. Jahrhunderts sind und nicht aus der Ritterzeit stammen.

Schlösser, Burgen und Weltkultur, Ritter-, Rhein- und Weinromantik geben dem Flusslauf seinen Reiz. Der Rhein befördert schwere Lastkähne und weiße Personenschiffe. An seinen Hängen wachsen Rieslingreben. Über den Weinbergen wachen Stolzenfels und Drachenfels sowie Katz und Maus. Am Wasser räkelt sich sexy die junge Loreleyskulptur: sechs Meter groß mit wohl geformtem Busen und Haaren, die den Po bedecken. So darf sie im Deutschunterricht besprochen werden. Aber es hätte durchaus noch unzüchtiger kommen können: Pläne, eine Frau zu bezahlen, die

Anfahrt: per Bahn, mit dem Auto über die linke (Mainz – Köln) und rechte Rheinuferstraße (Wiesbaden – Köln); Rheinschifffahrt Ostern – Oktober; www.welterbe-mittelrheintal.de

sich in der Hochsaison nackt ans Ufer bei St. Goarshausen hätte setzen sollen, beließen die Verantwortlichen dann doch lieber in der Schublade.

Berühmt wurde der 132 Meter hohe Loreleyfelsen, um den der Rhein respektvoll eine Kurve macht, durch die Sage von der Jungfrau Loreley, die mit ihrem Gesang vorüberfahrende Schiffer und Kähne ins Verderben lockte. Rheindampfer lassen heute an dieser Stelle das Lied »Ich weiß nicht, was soll es bedeuten« von Heinrich Heine erklingen. Von oben, nahe der alten, keine zwei Meter großen Loreleyfigur hat man einen wunderbaren Blick auf den dort nur 113 Meter breiten Rhein.

28 Burgen kann man von Stromkilometer 528 bei Bingen bis Koblenz vom Schiff aus sehen. Am großen deutschen Strom, der historischen Scheide zwischen Germanen und Römern, geht es nach dem Mäuseturm bei Bingen fast im gleichmäßigen Wechsel zwischen Ost- und Westufer von Zollburg zu Zollburg und Ruine zu Ruine. Die wichtigsten sind von Süden kommend Rheinstein, Die Pfalz, Stahleck, Rheinfels sowie bis zur Hälfte der Strecke nach Koblenz die Burgen Katz und Maus. Wobei Burg Maus eigentlich Burg Thurnberg hieß und nur von den Besitzern der später gebauten und mächtigeren Burg »Neu Katz(enelnbogen)« spöttisch »Die Maus« genannt wurde. Es folgen die Ruine Liebenstein, Schloss Liebeneck, Burg Lahneck, Stolzenfels und kurz vor dem Deutschen Eck Ehrenbreitstein. Um die drei Millionen Menschen fahren, schippern oder wandern jährlich an oder auf diesen 65 wunderbaren Kilometern.

Burg Stahleck – auf den Grundmauern einer Anlage aus dem 12. Jahrhundert errichtet – dient heute als Jugendherberge.

Mächtig erhebt sich der Loreleyfelsen über den Rhein.

Heute in japanischem Privatbesitz: Burg Katz bei St. Goarshausen.

Tipp

Rhein und Literatur Ob am mächtigen Loreleyfelsen, auf einer Burgmauer oder irgendwo an einem stillen Fleckchen am Ufer: Der Rhein gibt einem die Ruhe für ein gutes Buch. Der erste Baedeker von 1835 war ein Rheinführer. Victor Hugo beschrieb »Le Rhin«, Clemens Brentano verfasste die »Rheinmärchen«, Johann Wolfgang von Goethe notierte die »Reise an den Rhein, Main und Neckar«. Auch das bekannteste deutsche Heldenepos, das »Nibelungenlied« ist untrennbar mit dem Rheintal verbunden, ebenso wie der Gesang der Loreley.

Kaiserdom Mainz

Zwischen 1043 und 1246 fanden sechs Königskrönungen im Mainzer Dom statt. Barbarossa feierte 1184 das vielleicht größte Fest des Mittelalters darin. Und bis heute bildet der Hohe Dom Herz und Zentrum der Hauptstadt von Rheinland-Pfalz.

Eine romanische Säulenbasilika, die gotische und barocke Elemente aufweist, die Bischofskirche von Mainz, einer der deutschen Kaiserdome: Für den Hohen Dom gibt es markante Beschreibungen – ob aus architektonischer Sicht oder zur heutigen und historischen Bedeutung. Mit 116 Metern Länge und 83 Metern Höhe gehörte der sechstürmige Dom im Mittelalter zu den größten seiner Art.

Nach 975 veranlasste Erzbischof Willigis, der zugleich Erzkanzler des Reiches war, den Bau des Doms in ottonischen Formen.

Markt/Liebfrauenplatz/Domstr.; Bus: Linien 54 – 57, 60 – 65, 70 (Höfchen/Listmann); tgl. 7.00 – 18.30, im Winter bis 17.00 Uhr; www.mainz.de

Blick auf den Westturm mit seiner barocken Haube.

Das Chorgestühl im Westchor zählt zu den großen Attraktionen des Domes. Im Bild ein Detail.

Er sollte ein Staatsdom und architektonisches Symbol des Imperiums sein und Mainz als zweites Rom erkennbar machen. Am Tag der Einweihung im Jahr 1009 vernichtete aber ein Brand das Bauwerk. Erst Erzbischof Bardo vollendete den Wiederaufbau in veränderter Gestalt und weihte ihn im Beisein des Kaisers 1036 ein.

Der Ursprungsidee entsprechend fanden wichtige Ereignisse im Dom statt: Barbarossa feierte den Ritterschwur seiner Söhne – das größte Fest des Mittelalters. Heinrich II., Konrad II., Rudolf von Schwaben, Otto IV., Philipp von Schwaben und Friedrich II. wurden darin gekrönt. Und natürlich versammeln sich unter dem Patronat des heiligen Martin von Tours seit mehr als 1000 Jahren auch die Gläubigen der Stadt im Dom. Die mehr als eine Million Besucher pro Jahr sind aber vor allem von den Grabdenkmälern beeindruckt, die Heiligen, Erzbischöfen und Domherren gewidmet sind.

Die Unterhaltung des Doms kostet pro Jahr 75 000 Euro. Zusätzlich müssen für auf 15 Jahre angelegte, derzeit bereits laufende Renovierungsmaßnahmen 25 Millionen Euro bereit gestellt werden. Der Dombauverein Mainz e. V. und die Stiftung Hoher Dom zu Mainz haben sich der Erhaltung und Ausstattung des Mainzer Doms verpflichtet.

Tipp

Blick hinter die Kulissen Wollten Sie schon immer mal wissen, wie Fernsehen gemacht wird? Beim ZDF-Sendezentrum in Mainz kann man von Montag bis Freitag an kostenlosen Führungen teilnehmen (ZDF-Zuschauerredaktion, 55100 Mainz, Tel. 06131/70-4972 oder 70-4381, www.zdf.de)

Gotisch geprägt ist der Kreuzgang.

Kloster Maria Laach

Am Rande der Eifel, an einem der größten Vulkanseen des Mittelgebirges, liegt Maria Laach mit seinem gleichnamigen Kloster. Die großartige romanische Benediktinerabtei wurde bereits 1093 gegründet.

Ausgerechnet an einem der schönsten Teile des Klosters, dem Bogenportal, kauert ein kleiner Teufel. Doch gegen den Hauptanziehungspunkt in Maria Laach hat er keine Chance: die Vorhalle mit dem berühmten Laacher Paradies, das als symbolische Darstellung des Garten Eden zu verstehen ist. Dazu kommen als weitere Blickfänge der Baldachin-Hochaltar und das Stiftergrab von Pfalzgraf Heinrich. Er war es, der 1093 die Abtei gründete.

Die zugehörige, 1156 geweihte Kirche gilt heute als eines der herausragenden romani-

Östliche Eifel; Bahn: bis Andernach, dann Bus 310, Auto: A 61; tgl. 5.30 – 19.45 Uhr, bitte keine Besichtigung während der Gottesdienste; www.maria-laach.de

schen Bauwerke in Deutschland, für die sich pro Jahr knapp zwei Millionen Menschen interessieren. Die doppelchörige dreischiffige Pfeilerbasilika hat zwei Querhäuser mit jeweils einem Hauptturm und zwei flankierenden kleineren Türmen. Maria Laach steht somit in der Tradition der Kaiserdome von Speyer, Mainz und Worms.

1802 wurde die Abtei in der Säkularisation aufgehoben, doch 90 Jahre später zogen wieder Benediktinermönche ein. Schon im Mittelalter hatten sie sich bemüht, feuchtes Land trocken zu legen. Dabei schufen sie in einer beachtenswerten technischen Bauleistung einen unterirdischen Bergkanal.

Nicht nur das Kloster und die Kirche ziehen die Leute an. Auch die Landschaft, in der die Benediktinermönche seit Jahrhunderten leben, hat ihre besonderen Reize. Die Abtei Maria Laach befindet sich schließlich in einer der jüngsten Landschaften Europas, der Vulkaneifel. Um 10 000 v. Chr. entstand durch Vulkanismus auch der Laacher See, der wie ein großes Auge in der ihn umgebenden Hügelkette wirkt: Veitskopf, Laacher Kopf, Thelenberg und Krifter Ofen sind allesamt Vulkane. Auch der höchste Berg der Eifel, die Hohe Acht mit 747 Metern Höhe, liegt nicht weit entfernt.

Die sechstürmige Klosterkirche ist hervorragend erhalten.

Zu den herausragenden Steinmetzarbeiten im Eingangsbereich der Kirche, dem »Paradies«, gehört dieser Brunnen.

Tipp

Schreinerei Maria Laach Seit 1936 besteht die Schreinerei des Klosters Maria Laach. Welch hochwertige und geschmackvolle Möbel hier hergestellt werden, zeigt die Ausstellung in der Villa Reuther auf dem Klostergelände: Die Schreinerei fertigt Möbel auch nach eigenen Entwürfen an (Do., Fr. 14.00 – 18.00, Sa. und So. 11.00 – 18.00 Uhr).

Nürburgring

Rund 25 Kilometer lang, ungewöhnlich schwierige Kurven, ausgelegt für bis zu 300 000 Zuschauer, die bei Rennen von Millionen an den Fernsehschirmen »verstärkt« werden: Der Nürburgring ist eine der attraktivsten Rennstrecken weltweit.

Grüne Hölle« – so taufte einst Jackie Stewart das Kurvengeschlängel durch die eindrucksvolle Landschaft der Eifel. Andere sprechen von der schönsten Rennstrecke der Welt, die – wenn die derzeitige Formel-1- und die Nordschleife zusammengelegt werden – auch die längste ist. Michael Schumacher erreichte 2004 mit 207,144 Kilometern pro Stunde die schnellste Durchschnittsgeschwindigkeit, die je bei einem Formel-1-Rennen hier gefahren wurde.

Ab 1925 von 3000 Arbeitern für 15 Millionen Reichsmark gebaut und 1927 fertig gestellt,

Bei Adenau; Anfahrt: über A 1, A 48 und A 61, bei internationalen Großveranstaltungen kostenfreier Bus-Shuttle ab Koblenz-Hauptbahnhof; www.nürburgring.de

hat diese in der Welt einmalige Strecke um die Nürburg die Menschen immer wieder begeistert. Idole wie Rudolf Caracciola, Manfred von Brauchitsch, Hermann Lang, Juan Manuel Fangio oder Graf Berghe von Trips schrieben mit ihren tollkühnen Kisten dort Geschichte. Und heutzutage brettern Alonso, Schumacher und Co. mit ihren Boliden über den Nürburgasphalt.

Die Nordschleife ist keine moderne Rennstrecke. Unübersichtliche oder uneinsehbare Kurven, blinde, tückische Kuppen, starke Neigungen und Gefälle sowie häufig wechselnde Fahrbahnbeläge machen die Strecke zu einer der anspruchsvollsten Herausforderungen für jeden Motorsportler. 1000-Kilometer- oder 24-Stunden-Rennen, Truck-Grand-Prix, Motorrad- und Oldtimerrennen oder Fahrsicherheitstrainings: Nirgendwo sonst ist der Motorsport vielfältiger, die Umgebung und Natur reizvoller, sind die Fans eingeschworener auf ihre Strecke. Wobei die Formel 1 natürlich das Highlight des Jahres ist. Doch ein prall gefülltes Veranstaltungsprogramm und Freizeitaktivitäten für Jung und Alt machen den Nürburgring längst auch zu einem einmaligen Familienerlebnis. Tägliche Führungen werden jeweils ab Ostern angeboten und Fragen wie »Was passiert wirklich in der Boxengasse?«, »Wo arbeiten die bis zu 500 Journalisten während des Formel-1-Wochenendes?« oder »Welche Umkleide benutzt Michael Schumacher?« bei einem rund einstündigen Rundgang beantwortet.

Aus der Luft betrachtet wird deutlich, warum die Piste »Grüne Hölle« genannt wird: Wälder säumen die kurvenreiche Strecke.

Auch die Motorradsportler sind auf dem Ring immer wieder gern zu Gast.

Tipp

Einmal Schumi sein

Mit dem eigenen Auto oder Motorrad den Nürburgring zu befahren, ist eine besondere Herausforderung. Die 20,8 Kilometer der Nordschleife bedeuten, seine Fahrkünste und sich selbst immer wieder neu einzuschätzen. Der Vorteil: Es gibt keinen Gegenverkehr – wohl aber andere Streckenteilnehmer bei diesen so genannten Touristenfahrten, die pro vier Runden per Pkw oder Motorrad 56 Euro kosten.

Solange Michael Schumacher bei ihnen unter Vertrag steht, sind die Formel-1-Rennen auf dem Nürburgring ein Heimspiel für die »Ferraristi«.

Kaiserdom Speyer

Weltkulturerbestätte der UNESCO und Kaiserdom mit Wertigkeit einer päpstlichen Basilika: Der mächtige Dom zu Speyer zählt zu den bedeutendsten Baudenkmälern der Romanik und ist die größte erhaltene romanische Kirche in Europa.

Ob von der Autobahn oder von der Fußgängerzone: Speyers Dom St. Maria und St. Stephan ist das weithin sichtbare und dominierende Wahrzeichen der Stadt. Auf dem Grundriss eines lateinischen Kreuzes erstreckt sich die Kirche auf einer Gesamtlänge von 134 Metern und erhebt sich mit seinen Osttürmen auf etwas über 71 Meter. Doch die Kathedrale des Bistums von Speyer hat vor allem große innere Werte, welche die UNESCO veranlassten, den Kaiser- und Mariendom am 30. Oktober 1981 in die Liste des Weltkulturerbes der Menschheit aufzunehmen.

Domplatz; Bus: Linie 717 (Domplatz); tgl. 9.00 – 19.00 (Apr. – Okt.) und bis 17.00 Uhr (Nov. – März); www.dom-speyer.de

Der Dom, dessen erster Bau im Auftrag des salischen Kaisers Konrad II. aus dem Jahr 1061 datiert, gilt als Symbol des mittelalterlichen Kaisertums. Kaiser ließen ihn als damals größtes Gotteshaus des Abendlandes bauen. Und von Kaisern wurde er als letzte Ruhestätte ausersehen: Er dient als Grabstätte für acht salische, staufische und habsburgische Herrscher. Im pfälzischen Erbfolgekrieg 1689 wurden die Kaisergräber jedoch von den Truppen Ludwigs XIV. geplündert und der Dom in Brand gesetzt. Nach dem Wiederaufbau von 1758 bis 1777 bekam er zusätzlich sein barockes Westwerk und hatte von nun an sechs Türme und drei Kirchenschiffe. 1900 wurde die Kaisergruft geschaffen, wie sie sich heute darstellt. Vor dem Eingang findet sich der 1314 zum ersten Mal erwähnte Domnapf, eine große Steinschüssel, die früher bei der Einführung eines neuen Bischofs für das Volk mit Wein gefüllt wurde: 1580 Liter passen hinein.

Der sorgsame Umgang mit dem historischen Erbe stellt eine anspruchsvolle Daueraufgabe dar. Im Sinne der UNESCO-Konvention hat diese die Europäische Stiftung Kaiserdom zu Speyer in Form einer Patenschaft übernommen. Sie fördert die große, bis 2010 anhaltende Dom-Restaurierung und baut ein Stiftungskapital auf, damit Maßnahmen der Substanzsicherung und Denkmalpflege auch in Zukunft möglich sind.

Ostansicht des Doms. Diese Seite gilt als Musterbeispiel hochromanischer Architektur.

In der Krypta, dem ältesten Bauteil des Doms, ruhen die Gebeine vieler deutscher Kaiser und Könige.

Der Dom beherrscht das Stadtbild von Speyer. Hier eine Ansicht von der Fußgängerzone aus.

Tipp

Fotomotiv Das Hauptportal des Doms weist den Weg zur breiten Maximilianstraße. An deren anderem Ende steht der Altpörtel aus dem 13. Jh., einer der schönsten Tortürme und mit 55 Metern auch eines der höchsten Stadttore Deutschlands. Er ist für sich alleine den Spaziergang wert. Aber für Fotografen ergibt sich zudem ein wunderbares Motiv, wenn sie so weit durch den Torbogen gehen, bis man Fassade und Türme des Domes durch ihn hindurch sehen kann.

Porta Nigra Trier

Trier, die älteste Stadt Deutschlands, besitzt stattliche Römerbauten, unter denen die Porta Nigra nicht nur das bekannteste, sondern auch das beeindruckendste ist. Das Stadttor wurde, zusammen mit Dom und Liebfrauenkirche, 1986 Weltkulturerbe.

Rund 600 000 Gäste übernachten jedes Jahr in Trier. Und für die meisten von ihnen ist die Porta Nigra, das mächtige Stadttor der römischen Stadtbefestigung aus dem 2. Jahrhundert, die wichtigste Adresse in der 125 000-Einwohner-Stadt – zumindest wenn man Zeit für Sightseeing und römische Geschichte mitgebracht hat. Rund fünf Prozent der Gäste kommen aber aus einem anderen Grund: In Trier ist man dankbar, dass ein gewisser Karl Marx in der Stadt geboren und das Marxsche Geburtshaus zu einer Pilgerstädte für Chinesen wurde: Knapp 30 000 Touristen aus der Volksrepu-

Nordallee/Theodor-Heuss-Allee; Bus: Linien 85, 86, 441 (Porta Nigra); tgl. 9.00 – 18.00 (Apr. – Sep.), 9.00 – 17.00 (Okt. und März), 9.00 – 16.00 Uhr (Nov. – Feb.); Eintritt: 2,10 Euro; www.trier.de

Trier wurde 16 v. Chr. von Kaiser Augustus gegründet. Die doppeltorige Porta Nigra selbst ist um 180 n. Chr aus großen Quadern errichtet worden. Die bis zu sechs Tonnen schweren Sandsteinquader aus der nahen Umgebung wurden von mühlengetriebenen Bronzesägen zurechtgeschnitten und ohne Mörtel aufeinandergesetzt. Allerdings verband man je zwei Steine horizontal durch Eisenklammern. Eine von ihnen sieht man innen bei der östlichen Wendeltreppe.

Den Namen Porta Nigra, also schwarzes Tor, erhielt das Stadttor im Mittelalter. Der Grund: Der ursprünglich helle Buntsandstein war verwittert und wirkte nun schwarz.

1028 ließ sich der griechische Mönch Simeon in den Ostturm der Porta Nigra einmauern. Nach seinem Tod 1035 wurde er im Erdgeschoss bestattet und heilig gesprochen. Aus dem Stadttor machte man 1040 eine Basilika, die Simeonskirche. Erst im 19. Jahrhundert versetzte man die Porta Nigra wieder in den alten Zustand. Noch heute sind Spuren der Kirche, aber auch römische Steinmetzzeichen und Datumsinschriften zu sehen.

Der größte erhaltene Torbau aus der Römerzeit ist 30 Meter hoch, 36 Meter breit und 21 Meter tief. Er bietet lohnenswert Ausblicke auf die Stadt Trier und das Moseltal.

blik übernachten jährlich in Deutschlands ältester Stadt – und sehen sich, wenn sie schon mal da sind, auch die Porta Nigra an.

Zu den Hinterlassenschaften der Römer in Trier zählen auch die imposanten Kaiserthermen.

Tipp

Sehen und hören, was ein Gladiator zu berichten hat Valerius ist es, der sein Leben in der Welt des Amphitheaters zeigt. Schockiert wie beeindruckt lernt der Zuschauer eine vergangene Zeit kennen und entdeckt manch erstaunliche Parallele zur Gegenwart (im Amphitheater von Trier, April – Sept., Eintritt 8,90 Euro).

Jüdischer Friedhof Worms

Worms gehört mit seiner 2000-jährigen Geschichte nicht nur zu den ältesten Städten in Deutschland, sondern ist auch eines der bedeutendsten Zentren jüdischen Glaubens in Europa. Bestes Indiz ist der älteste jüdische Friedhof auf dem Kontinent.

Rabbi Schelomo Jizchaki, wichtigster jüdischer Gelehrter des Mittelalters, kurz Raschi genannt – abgeleitet von den ersten Buchstaben seines Namens –, hat Worms diese Legende beschert: Als seine Mutter mit ihm schwanger war und die enge Gasse hinter der Wormser Synagoge entlangging, preschte ein Fuhrwerk auf sie zu. Voller Angst presste sie sich an die Wand der Synagoge. Plötzlich wich diese zurück und gewährte ihr den dringend notwendigen Schutz. Bis heute ist diese möglicherweise für einen Brunnen gedachte Nische an der Ostwand der Wormser Synagoge zu sehen.

Willy-Brandt-Ring, 300 m südlich vom Bahnhof; tgl. außer an jüdischen Feiertagen, während der Sommerzeit 8.00 – 20.00 Uhr, während der Winterzeit bis Einbruch der Dunkelheit; www.worms.de

Und immer wieder sieht man Menschen an dieser Einbuchtung beten.

Wie auch am jüdischen Friedhof Heiliger Sand, der einst nach damals geltender Vorschrift außerhalb der Stadttore angelegt wurde, heute aber eingeschlossen zwischen Bahngleisen und städtischem Ring liegt. Er ist ummauert, überschattet von Bäumen mit Efeu und bietet kleine Anhöhen, von denen die Grabsteine – in den meisten Fällen deren Reste – gut zu überblicken sind. Beim Spaziergang erkennt man aber auch noch Details: plastisch zum Segnen ausgebreitete Hände oder eingemeißelte Namen, Lebensdaten und manchmal sogar eine kurze Lebensbeschreibung. Zahlreiche Quittelchen, kleine Zettel mit einer Bitte oder einem Gebet, wie man sie von der Jerusalemer Klagemauer her kennt, klemmen an so manchem Stein. Eine Wormser Eigenart ist, dass die Grabsteine alle nach Süden ausgerichtet sind. Und zur rituellen Reinigung der Hände nach dem Friedhofsbesuch dient der Brunnen im Vorhof.

Die mehr als 2000 Grabsteine mit hebräischen Schriftzeichen stammen meist aus dem 11. bis 17. Jahrhundert. Das älteste Grab datiert aus dem Jahr 1076. Damit hat Worms nachweislich den ältesten erhaltenen jüdischen Friedhof in Europa. Im neuen, 1911 errichteten Teil sind Inschriften auch auf Deutsch nachlesbar, etwa ein Nachruf auf eine fürsorgliche Mutter oder einen verdienstvollen Abgeordneten.

Jeder jüdische Friedhof ist ein ewiger Friedhof. Auch der Wormser, vor allem weil ihm das Glück hold war: Die Nationalsozialisten wollten den Friedhof zwar überbauen, aber letztlich kam es nicht dazu.

Blick auf das Gräberfeld. Die Grabsteine in diesem Teil stammen im Wesentlichen aus dem 11. bis 17. Jahrhundert.

Tipp

Details Für alle, die sich eingehender mit dem Judenfriedhof beschäftigen wollen: Das Totengebet ist als Sandsteintafel neben dem hölzernen Eingangstor in die Mauer eingelassen. Unweit vom Eingang befindet sich auch der Grabstein des Rabbi Meir von Rothenburg, der als großer Gelehrter und Märtyrer des 13. Jahrhunderts hoch verehrt ist.

Die Grabsteine sind sämtlich nach Süden ausgerichtet.

Saarland

Achtmal hat das Saarland in den letzten 200 Jahren die Nationalität gewechselt. Das schmeckt man an der feinen Küche. Aber auch die Saarschleife, die Völklinger Eisenhütte und Saarbrückens St. Johanner Markt lohnen einen Abstecher.

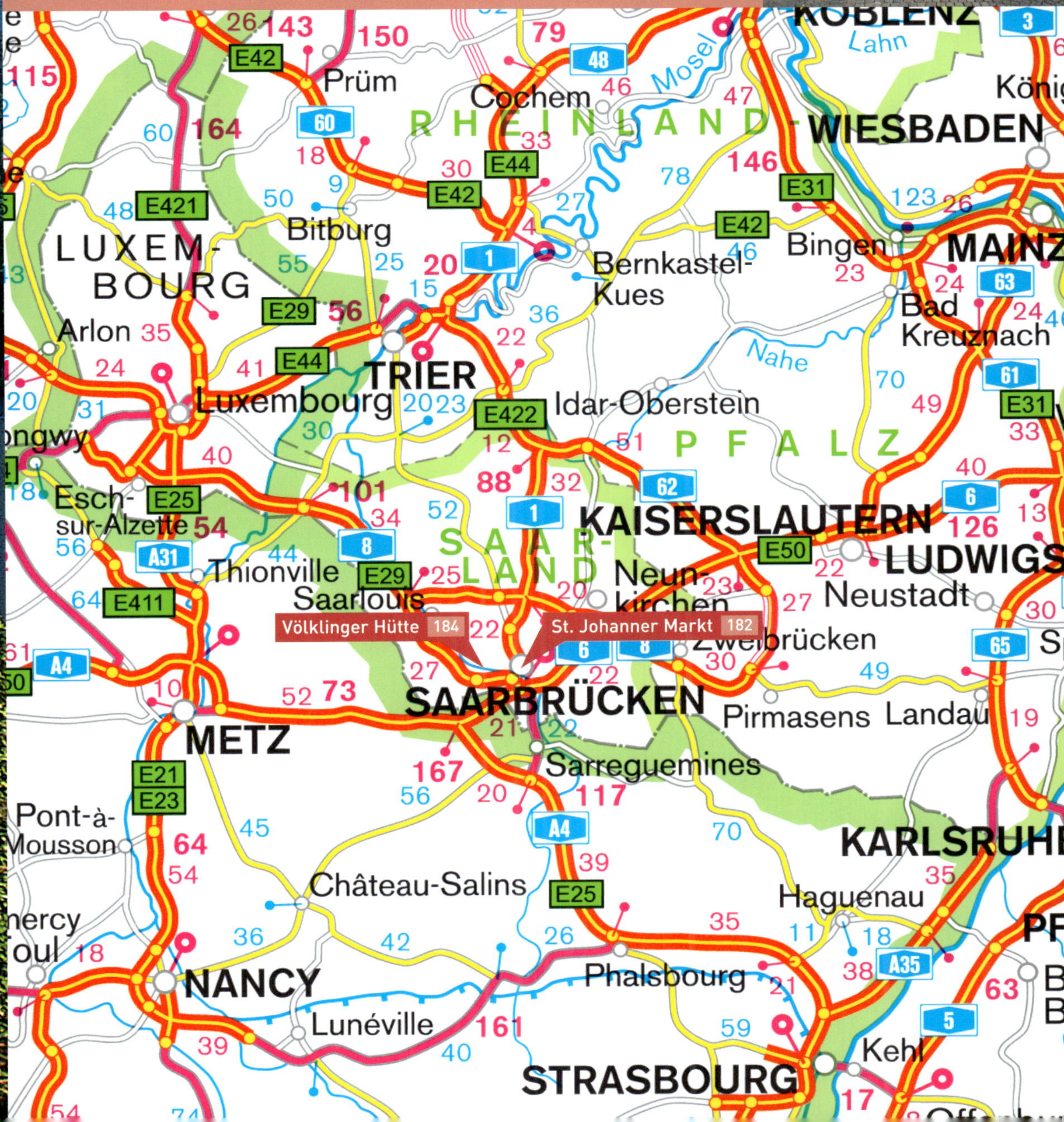

St. Johanner Markt Saarbrücken

Saarbrückens Mittelpunkt ist ohne Zweifel der St. Johanner Markt. Er liegt mitten in der Fußgängerzone, wird gesäumt von restaurierten Barockbauten und bietet dem Besucher einen schönen Blickfang im Zentrum: den Brunnen mit seinem Obelisken.

Mit Stadt – Land – Lust wirbt die Region Saarbrücken und irgendwie trifft das Motto besonders auf den St. Johanner Markt zu: Das Herz Saarbrückens verkörpert Stadt und Lust wie aus dem Bilderbuch. Und das Land nebst dem Fluss ist nur ein paar Schritte entfernt: An der Alten Brücke geben die Auen an der Saar der Großstadt mit knapp 200 000 Einwohnern ein wenig ländlichen Charakter.

Ein Oberbürgermeister namens Oskar Lafontaine ließ den St. Johanner Markt Ende der 1970er-Jahre zum Schmuckstück

Innenstadt, auf dem rechten Ufer der Saar;
Bus: Linien 26 und 46 (St. Johanner Markt);
www.st-johanner-markt.de

Saarbrücker Jugend verbringt dort seine Freizeit, wo zwar auch Obst und Gemüse verkauft werden, was aber ansonsten schlicht der Treffpunkt der Stadt ist. Man verabredet sich nicht, man geht einfach hin – und alle sind da. Und wenn nicht, kommen sie zumindest gleich. Es gibt Kneipen en masse, Imbissbuden und »Baldes Braustübel«, eines der wenigen Restaurants, die immer noch saarländische Küche anbieten: Dibbellabbes, Gefillde, Hoorige – Kartoffelgerichte, die sonst nur noch bei besonderen Anlässen auf den Tisch kommen.

1909 vereinigte sich das links der Saar gelegene Alt-Saarbrücken mit den gegenüberliegenden St. Johann zur Stadt Saarbrücken. St. Johann verlor zwar in der Namensgebung, mutierte aber zum kulturellen und gastronomischen Zentrum, das gesäumt ist von hübsch restaurierten Barockbauten, deren Entstehung teilweise bis ins 16. Jahrhundert zurückreicht. Die bis zu fünfgeschossige Bebauung ist zwar nicht mehr komplett im Original erhalten, aber renovierte und neue Bauten fügen sich recht gut ein ins Marktplatzbild der saarländischen Hauptstadt.

Zum Brunnen von 1759 führen drei Stufen. Das Hauptbecken teilt sich in vier weitere Becken, sodass eine Kreuzform entstanden ist. In seiner Mitte ragt der Obelisk heraus, dessen Spitze eine Vase mit einer Rose ziert, der St. Johanner Wappenblume.

herausputzen. Nachdem der Brunnen zuvor mehrfach versetzt worden war, weil er den Verkehr störte, kehrte er 1979 auch an seinen alten Platz zurück. Ein Großteil der

Rokoko-verschnörkelt sind der weiße Obelisk des Marktbrunnens und sein schmiedeisernes Gitter.

Mit seinen Straßencafés ist der autofreie St. Johanner Markt beliebter Treffpunkt.

Blick auf die stilvoll restaurierten Gebäude in der Fröschengasse.

Tipp

Deutsch-Französischer Garten Links liegt Frankreich – nach Paris sind es 392 Kilometer –, rechts der weite Talkessel von Saarbrücken. Und wer ein bisschen von beidem haben möchte, geht in den Deutsch-Französischen Garten mit Zugang zur Gulliver-Welt, wo maßstabgetreue Nachbauten berühmter Bauwerke zu sehen sind. Der Garten selbst wurde auf einstigen Festungsanlagen angelegt. Es gibt den Rosengarten, das Tal der Blumen, eine Wasserorgel und seltene Bäume wie Sumpfzypresse, Japanzeder, Amber- oder Trompetenbaum (www.saarbruecken.de).

Völklinger Hütte

Auf Sternstunden technischer Ingenieurleistung Anfang des 20. Jahrhunderts folgte der Stillstand. Aber knapp hundert Jahre später ist aus der Völklinger Eisenhütte ein aufregender Themen- und Erlebnispark mit historischen Bauten geworden.

Die UNESCO-Weltkulturerbeliste bietet Kontraste: eine kleine Kirche, eine große Residenz oder ein Stück Industriegeschichte. Deutschland stellte dreimal einen Antrag für seine Industriekultur zur Aufnahme als Weltkulturgut und die Welterbekommission entschied dreimal dafür: 1992 für das Erzbergwerk Rammelsberg, 2001 für die industrielle Kulturlandschaft Zeche Zollverein in Essen und sieben Jahre zuvor für die Völklinger Eisenhütte.

Sie war die erste Industriestätte des Industriezeitalters weltweit, die es auf die

UNESCO-Weltkulturerbeliste brachte und ist das einzige erhaltene Eisenwerk aus der Blütezeit der Stahlindustrie. 1873, zu Beginn des Industriezeitalters in Deutschland gegründet, hatte sich der Standort unter Leitung von Carl Röchling bald zum größten Eisenwerk im Saarland und zum größten Eisenträgerhersteller Deutschlands entwickelt. In seiner Hochzeit, den 1960er-Jahren, arbeiteten mehr als 17 000 Menschen in der Hütte. Doch im Folgejahrzehnt erfasste die Stahlkrise auch Völklingen, ehe das Werk weitere zehn Jahre darauf, 1986, stillgelegt wurde.

4 Minuten Fußweg vom Hauptbahnhof; tgl. 10.00 – 19.00 Uhr (Apr. – Okt.); Eintritt: 11 Euro.; www.voelklinger-huette.org

In den Hochzeiten des Werks produzierten zehn solcher Gebläsemaschinen Wind für die Hochöfen.

Mehr als 100 000 Besucher pro Jahr bringen das Leben an die ehemaligen Stätten der Arbeit zurück. Auf 600 000 Quadratmetern lassen sich noch heute alle Phasen der Roheisenerzeugung am authentischen Platz nachvollziehen. Der Rundgang ist insgesamt drei Kilometer lang.

Zu sehen sind Sinteranlage, Kokerei und sechs Hochöfen mit 23 Meter hohen Schloten. Die Gasgebläsehalle mit dinosaurierhaften Maschinen dient heute als Veranstaltungsort und war schon Filmschauplatz. Von der Gichtbühne in 30 Metern und vom Umgang der Winderhitzer aus 45 Metern Höhe hat man den besten Überblick.

Ausstellungen, Licht- und Toninstallationen wie »Der Klang der Maschinen«, aber auch interaktive Objekte sowie soziale Projekte wie etwa »Stationen des Schweigens – 40 Jahre Gastarbeiter aus der Türkei«, machen die Hütte nicht nur zu einer Erlebniswelt mit historischem Hintergrund, sondern auch zu einer Plattform für zukunftsweisende Kultur- und Wissensvermittlung.

Tipp

Völklinger Hüttenjazz Eisen und Ausstellungen, Stahl und Installationen sind aber noch nicht alles. Vor der großartigen Silhouette der Völklinger Hütte wird im Sommer nämlich auch geswingt: Das ganze Spektrum des Jazz von Mainstream bis Modern und Experimentellem ist beim »Völklinger Hüttenjazz« zu hören – seit nunmehr sechs Jahren als Forum für hochklassigen Jazz etabliert und erfolgreichste und beständigste Jazzreihe der Region.

Auf Infotafeln wird der Produktionsablauf erläutert.

Sachsen

»Ich bin ein Sächsist!« In Anbetracht von 1000 Schlössern und Burgen, zwei Weltkulturerbestätten und der Göltzschtalbrücke ist der Patriotismus gut zu verstehen, zumal auch die kuriosen Felsen des Elbsandsteingebirges zu Sachsen gehören.

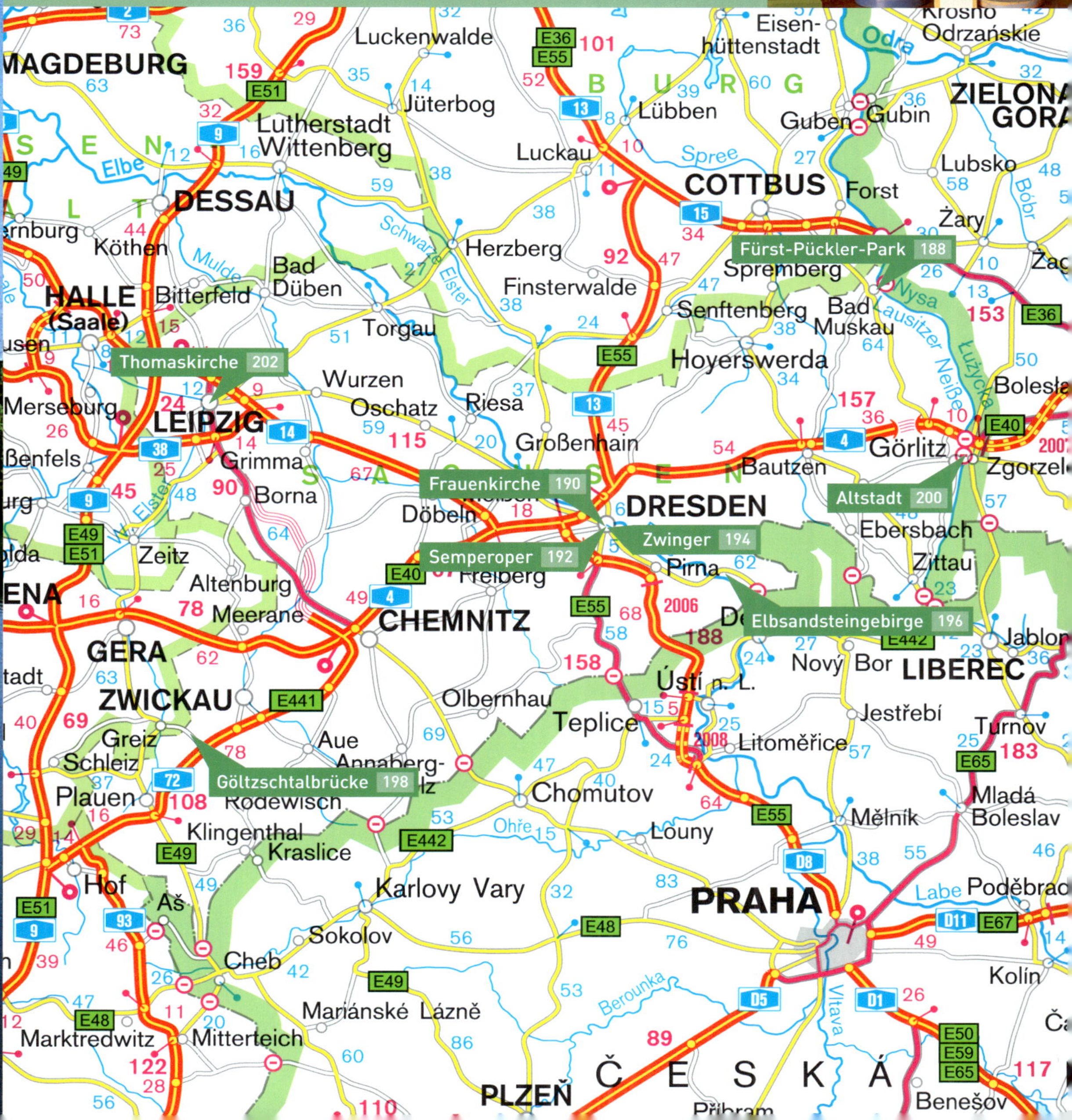

Fürst-Pückler-Park Bad Muskau

Seit 2004 gehört der Fürst-Pückler-Park in Bad Muskau zum Weltkulturerbe der UNESCO. Der Namensgeber sicherte sich damit einen Platz im Olymp der Gartengestalter. Sein Park erstreckt sich über deutsches und polnisches Territorium.

Polen und Deutschland – das ist ein eher schwieriges Verhältnis. Um so schöner war es, dass sich beide Länder – ohne großes Politiktheater – gemeinsam darum bemüht haben, den Fürst-Pückler-Park von Bad Muskau auf die Liste des zu schützenden Welterbes der Menschheit zu bringen. Und es gelang: Im Juli 2004 gab die UNESCO grünes Licht.

Hermann Fürst von Pückler-Muskau war ein Exzentriker – und wohl auch vom Größenwahn befallen. In der Neißeaue, ganz im Nordosten der Oberlausitz, ließ er nach sei-

Östlich von Bad Muskau; Anfahrt: Bahn bis Weißwasser, weiter mit Bus 3, 250, 252 und 271, Auto: über die A 4, A 13 und A 15; 10.00 – 18.00 (Mai – Okt.), bis 17.00 Uhr (Nov. – Apr.); www.muskauer-park.de

Hermann Fürst von Pückler-Muskau wollte in seinem Park die Natur in ihrer schönsten Gestalt zeigen. In Bad Muskau – im Bild Schlossteich und Neues Schloss – sind seine Gartenräume Wirklichkeit geworden.

nen Vorstellungen 1815 seinen Park nach englischem Vorbild anlegen. Aber er wollte mehr: Sein Schloss sollte mit dem Park als »idealisierte Natur« verbunden werden. Das Problem: Dem Fürsten ging das Geld aus und vieles blieb unrealisiert. Auch seine reiche Gattin konnte ihm nicht mehr helfen: Er musste seinen Lebenstraum verkaufen.

Alles sieht aus, wie zufällig gewachsen, doch zu jener Zeit musste die Natur den Reißbrettstrategen gehorchen: Jedes Grashälmchen war sozusagen geplant. Grünzonen mit Rasen und Alleen sowie großem Blumen- und Baumbestand wechseln sich mit Wasserflächen und Gebäuden harmonisch ab. Das Alte Schloss gründet auf einer Burg des Deutschritterordens aus dem 14. Jahrhundert und wurde erst 1980 wieder aufgebaut. Das aus dem 16. Jahrhundert stammende Neue Schloss wird heute als Museum, Standesamt und Weinkeller genutzt. Aber auch das barocke Kavaliershaus von 1772, die Orangerie von Gottfried Semper aus dem Jahr 1840 und das Tropenhaus in der ehemaligen Schlossgärtnerei sind auffällig.

Die DDR stellte den Muskauer Park mit seinem 200 Jahre alten Baumbestand 1955 unter Schutz, was für die Gartenanlage dem Beginn eines Dornröschenschlafs gleichkam: Keiner legte mehr Hand an, die Natur durfte endlich machen, was sie wollte – übrigens auf deutschem ebenso wie auf polnischem Gebiet. Erst 1988 begannen Fachleute beider Länder, dem Gelände seine ursprüngliche von Fürst Pückler definierte Gestalt wieder zurückzugeben und es so zu einem Kulturdenkmal zu machen. Mit Erfolg: Heute lockt der Park jährlich 150 000 Besucher an.

Tipp

Über die Grenze Etwa zwei Drittel der 750 Hektar großen Parklandschaft liegen auf polnischem Gebiet. Dank Polens Beitritt zur Europäischen Union genügt für einen grenzüberschreitenden Spaziergang der Personalausweis. Und von April bis Oktober kann man sich mit der Waldeisenbahn vom Muskauer Park zum Kromlauer Rhododendronpark und zurück bringen lassen. Beste Zeit für einen Besuch: Mai und Juni wegen der herrlichen Blütenpracht.

Die Orangerie dient heute u. a. als Aufführungsort für Konzerte.

Frauenkirche Dresden

Die Frauenkirche zu Dresden war einst Deutschlands bedeutendster protestantischer Kirchenbau. Nach der Zerstörung im Zweiten Weltkrieg kam das Gotteshaus mit der markanten Steinkuppel durch eine Bürgerinitiative wieder zu neuem Glanz.

Der Kirchenbau, dessen Einweihung wir heute feiern, zählt zu dem Besten, was freie Bürger leisten können. Dieser wunderbare Bau ist mehr als ein Gebäude. Er steht für das Gute, das uns eint.« Mit diesen Worten begann die Ansprache von Bundespräsident Horst Köhler zur Eröffnung der Dresdner Frauenkirche am 30. Oktober 2005 in der sächsischen Landeshauptstadt.
Der barocke evangelisch-lutherische Sandsteinbau mit fast hundert Metern Höhe wurde schon kurz nach Fertigstellung 1743 als schönste Kirche des Protestantismus gefeiert und gehörte zu den architektonisch

Neumarkt; Straßenbahn Linien 1, 2 und 4 (Neumarkt) oder 8 (Theaterplatz); Mo. – Fr. 10.00 – 12.00 und 13.00 bis 18.00 Uhr; www.frauenkirche.de

reizvollsten Kirchengebäuden Europas. Nach der Zerstörung im Zweiten Weltkrieg blieb die Ruine in der DDR ein Mahnmal gegen Zerstörung und Gewalt.

Im Februar 1990 wurde die Vision des Wiederaufbaus zum konkreten Projekt. Dazu brauchte es mehr als die 3634 der insgesamt 8390 erhaltenen Sandsteinquader und weiterer Tausender Kubikmeter Sandstein, die in mehr als einem Jahrzehnt zusammengefügt wurden. Es brauchte auch mehr als hundert Millionen Euro, welche der Wiederaufbau seit 1994 gekostet hat. »Nötig waren vor allem die Tatkraft, die Zuversicht und der unermüdliche Einsatz von Menschen in Dresden und weit darüber hinaus«, so der Bundespräsident weiter. Den Wiederaufbau finanzierten Fördervereine in aller Welt durch Spenden.

Der Chor, einer von zwei erhaltenen Ruinenteilen, der Altar, aus 2000 Splittern rekonstruiert, der kreisförmige Kirchenraum, die Treppenhäuser, von denen ebenfalls ein Teil erhalten blieb, und die mächtige Kuppel mit einem Durchmesser von knapp 25 Metern bringen seit der Wiedereröffnung durchschnittlich knapp 20 000 Menschen pro Monat zum Staunen.

Die Frauenkirche wird bisweilen als evangelisches und ostdeutsches Gegenstück zum Kölner Dom gesehen, weil beide Kirchen im Lauf ihrer wechselhaften Geschichte eine immense symbolische Bedeutung gewonnen haben. Der Name leitet sich von dem um 1140 gebauten Gotteshaus »Zu unserer lieben Frau« ab. Dieser romanische Bau war die Hauptpfarrkirche Dresdens.

Barocke Pracht prägt das Innere der Frauenkirche. Hier ein Detail vom Hochaltar.

Die Frauenkirche hat einen quadratischen Grundriss und einen kreisförmigen Innenraum, der von acht Pfeilern getragen wird. Die dunklen Steine stammen aus dem Originalbau.

In freundlichen, hellen Pastellfarben präsentiert sich die Kirche innen. Die marmorierten Säulen und zahlreiche vergoldete Details runden das Bild ab.

Tipp

Außen Silbermann, innen Kern Lange hat man sich in Dresden gestritten, ob die 1736 gebaute und 1945 zerstörte Silbermann-Orgel nachgebaut werden sollte. Schließlich setzte sich der Vorschlag durch, die Orgel neu, aber im Silbermannschen Sinne von Orgelbaumeister Daniel Kern aus dem Elsass bauen zu lassen. Was dabei herauskam, kann man bei den Orgelandachten mit anschließender Kirchenführung hören (Mo. – Sa. 12.00 und Mo., Mi, Fr, auch 18.00 Uhr; Eintritt frei, um Spenden wird gebeten).

Semperoper Dresden

Wie in kaum einer anderen Stadt liegen in Dresden rund um den Theaterplatz große Bauwerke wie Zwinger, Schloss und Hofkirche ganz nahe beieinander. Optisch dominiert wird das großartige Ensemble aber von einem Gebäude – der Semperoper.

Um Dresden so richtig zu genießen, verhält man sich zunächst am besten wie ein Mitglied des europäischen Hochadels in vergangenen Tagen: sich auf der Brühlschen Terrasse zeigen, die Sonne genießen und – nichts tun. Außer vielleicht das Diner besprechen und darüber diskutieren, was abends in der Semperoper gegeben wird.

Die Semperoper zählt zu den schönsten Opernhäusern der Welt. Sie wurde trotz starker Konkurrenz zum Wahrzeichen der Stadt und verleiht ihr ein kulturbeflissenes Image. Der Besuch einer Vorstellung gehört

Theaterplatz; Straßenbahn: Linien 4, 8 und 9 (Theaterplatz); Führungen fast tgl. (abhängig vom Spielplan); www.semperoper.de (Spielplan), www.semperoper-fuehrungen.de

Abends zeigt sich die Oper – hier die Hauptfassade vom Theaterplatz aus gesehen – herrlich illuminiert von ihrer schönsten Seite.

für viele zu den Höhepunkten einer Dresden-Visite. Der Nachteil: Karten muss man rechtzeitig reservieren, bei manchen Inszenierungen sogar bis zu sechs Monate im Voraus, denn die Semperoper gehört mit sagenhaften 98 Prozent Auslastung auf den angebotenen 1300 Sitzen auch zu den meistbesuchten Opernhäusern der Welt. Alternativ werden auch Führungen angeboten. So bringt man es insgesamt auf rund 500 000 Besucher pro Jahr.

Es war Gottfried Semper, der das Theater ab 1838 verwirklichte. 1834 bis 1849 lebte er in Dresden und sein Rundbau in den Formen der italienischen Frührenaissance wurde schnell als eines der schönsten europäischen Theater berühmt. Doch das Glück hielt nicht lange: 1869 wurde es durch einen Brand zerstört. Schon zwei Jahre später wurde mit dem Bau des zweiten Königlichen Hoftheaters begonnen. Semper, infolge der bürgerlichen 1848er-Revolution noch im Exil, übertrug die Leitung der Arbeiten an seinen Sohn Manfred. Dieses deutlich größere Opernhaus erlebte bis zur kriegsbedingten Schließung 1944 insgesamt 51 Ur- und 120 Erstaufführungen. Ein Jahr später standen – nach den schweren Bombenangriffen auf Dresden – nur noch die Außenmauern. Von 1977 bis 1985 wurde die Semperoper schließlich weitgehend originalgetreu rekonstruiert und am 13. Februar 1985 mit einer Aufführung von Carl Maria von Webers »Freischütz« eröffnet. Die »Jahrhundertflut« richtete 2002 großen Schaden an: Das Elbwasser drang bis zu acht Meter hoch in die Semperoper ein. Heute sind die Schäden behoben – im Funktionsgebäude erinnert aber noch eine Marke an den höchsten Pegelstand des Wassers.

Festliche Pracht mit einer Prise Heiterkeit strahlt das Foyer aus.

An Dresdens legendärem Ruf als Musikstadt hat die Semperoper großen Anteil.

Tipp

Igeltour Dresden mit dem Baedeker in der Hand entdecken, ist eine wunderbare Möglichkeit. Komplementär dazu bieten sich die Igeltouren an: Sie haben sich mit unkonventionellen Führungen, zu Fuß, per Rad oder Bus, einen Namen in der Sachsenmetropole gemacht. Abseits der touristischen Höhepunkte wird das jüdische Leben in Dresden entdeckt, der Jugendstil oder nachts durch die Gassen geschlendert. Wichtig ist den Machern stets der überraschende Blick auf ihre Stadt (ab 8 Euro, www.igeltour-dresden.de).

Zwinger Dresden

Der Zwinger in Dresden ist ein weltweit einzigartiges Meisterwerk des höfischen Barock. Er war weder Wohnhaus noch Residenz, sondern diente einzig und allein den repräsentativen Ansprüchen Augusts des Starken, des Kurfürsten von Sachsen.

Ähnlich wie der bayerische König Ludwig II. gut 150 Jahre später war August der Starke – der ja auch König von Polen war – vernarrt in Pracht und Prunk. Es gibt kaum einen Bau des Sächsischen Barock ab 1700, der nicht in Verbindung mit seinem Namen gebracht wird. Es war die Zeit, als sich Dresden unter seiner Herrschaft anschickte, eine der ersten Adressen in Europa zu werden. August wünschte sich – nach einer ausgiebigen Italienreise –, dass sein Dresden so werden sollte wie Florenz: daher auch die häufige Bezeichnung von Dresden als Elb-Florenz. Dazu ließ er Paläste entlang des

Straßenbahn: Linien 2, 4, 8, 11 und 12 (Zwinger); Di. – So. 10.00 – 18.00 Uhr; www.dresden.de

Flusses bauen, um auch ein bisschen venezianische Palazzo-Atmosphäre schnuppern zu können. Der Gipfel aber dürfte der Zwinger sein, 1710 bei Matthäus Daniel Pöppelmann in Auftrag gegeben und zusammen mit Balthasar Permoser 1732 vollendet.

Hervorgegangen war die Anlage aus der hölzernen Kulisse für den Festplatz anlässlich des Besuchs des Dänenkönigs 1709, die Pöppelmann und Permoser nach und nach zu einem Gesamtkunstwerk ausbauten, dass die archtektonische Formensprache seiner Zeit vollendet zusammenfasst. Der Zwinger – der Name kommt vom alten Zwingerhof, einem Teil der Stadtbefestigung – ist klar in seinen Linien und architektonischen Formen, aber dennoch verspielt durch die barocke Bildhauerkunst. Wall- und Glockenspielpavillon (mit einem Glockenspiel aus Meissener Porzellan) sowie die Galerien sind für den Kunstinteressierten ebenso ein Genuss wie für den Spaziergänger.

Brunnen und Grünflächen unterstreichen die Eleganz der Anlage, die auch Heimat der Gemäldegalerie Alte Meister (im Semper-Anbau von 1847), der Porzellansammlung, der Rüstkammer mit ihrer Prunkwaffensammlung und eine der ältesten Sammlungen wissenschaftlich-technischer Geräte ist: 1,2 Millionen Touristen erfreuen sich jährlich daran.

An der Fassade des Wallpavillons ächzen die Karyatiden unter ihrer Last.

Im Zwinger – im Bild der Zwingerhof mit dem Wallpavillon – verschmelzen Klarheit und Maß des Baukörpers mit der bezaubernden Fülle barocker Bildhauerkunst.

Unter freiem Himmel finden im Zwingerhof Serenadenkonzerte statt.

Tipp

Italienisches Dörfchen Lust auf einen Kaffee? Dann ins Italienische Dörfchen gegenüber vom Zwinger am Elbufer. Das 1911 bis 1913 erbaute Café-Restaurant lockt nicht nur mit feinen Kuchen, sondern auch mit der herrlichen Gestaltung seiner Decken und Wände.

Elbsandsteingebirge

Sachsen ist eines der Kletterparadiese in Europa. Denn vor den Toren Dresdens erhebt sich eine der eigenwilligsten Naturschönheiten Deutschlands: die wildromantische Felsenwelt des Elbsandsteingebirges. Den besten Blick darauf hat man von der Bastei.

Sächsische Rocky Mountains wird das Elbsandsteingebirge auch genannt. Es ist ein Teil des 1990 entstandenen Nationalparks Sächsische Schweiz, einer der bedeutendsten Nationalparks in Deutschland. Auf etwa 14 000 Kilometer langen und steilen Routen kann der Bergsteiger 1100 frei stehende Gipfel erklimmen. Die Wände sind zwar tabu, aber trotzdem finden Anfänger wie Profis beste Voraussetzungen für ihren Sport – mit und ohne professionelle Führung.

Doch das Elbsandsteingebirge ist auch ideal zum Spazieren, Wandern und Radeln. Wer

15 km südöstlich von Dresden; Anfahrt ab Dresden: Elbdampfer, S 1 (mehrere Haltestellen); www.elbsandsteingebirge.de

Ein goldener Herbstmorgen an der Rathener Basteibrücke, am Horizont zeichnet sich der Lilienstein ab.

den Aufstieg zur Lokomotive, einem bizarren Sandsteinfelsen über dem Amselsee, oder vis-à-vis die bequemere Wanderung zum Aussichtspunkt Bastei geschafft hat, dem liegt die Welt zu Füßen: rundherum dicht bewaldete Tafelberge, frei stehende Gipfel, die wie Nadeln aus dem Gebirgsboden ragen, und die Elbe, die durch ein tiefes Tal fließt.

Das Schluchtenlabyrinth Bastei bei Niederrathen liegt oberhalb der Elbe. Und 200 Meter über dem Fluss bietet der Felsrücken einen der schönsten Ausblicke in Europa. Auf dem Fußweg nach oben überschreitet man die steinerne Basteibrücke und östlich davon liegt die aus dem 13. Jahrhundert stammende Felsenburg Neurathen. Von dort sieht man die Bastei am besten. Die wichtigsten Klettergipfel der Bastei sind die Steinschleuder, der Tiedge- und Mönchstein, aber auch der etwas abseits gelegene Höllenhund.

Die Felsen bestehen aus Sandstein, entstanden durch die Verfestigung von Sedimentgestein. Wo heute der Elbsandstein die Landschaft prägt, war vor Jahrmillionen Meeresboden. Große Flüsse spülten Sand und Verwitterungsschutt in das Meer. Quarzsand und Ton sanken ab und verfestigten sich Schicht für Schicht. Eine kompakte Sandsteinplatte entstand, etwa 20 mal 30 Kilometer groß und bis zu 600 Meter hoch. Als sich das Meer vor etwa 80 Millionen Jahren zurückzog, begann der gebirgsformende Zerfall und die Erosion modellierte schließlich die eigenwilligen Felsformationen, die an Nadeln, Zacken und Zinnen erinnern.

Tipp

Einfach mal klettern gehen? So einfach ist die Sache nicht, aber Schnuppertouren sind möglich. Dabei werden zunächst Orientierungs- und Gleichgewichtsübungen gemacht sowie Ängste abgebaut. Kletterbewegungen, -griffe und -techniken folgen. Eine Tagestour mit Wanderung, Besteigung eines Gipfels und selbstständigem Abseilen, jeweils von oben gesichert, sowie weitere Gipfelstürme entsprechend der Fähigkeiten kosten ab 60 Euro (www.elbsandsteingebirge.de).

Klettern ist Breitensport im Elbsandsteingebirge. Das Foto zeigt zwei Kletterer bei einem Gipfelerlebnis im Bielatal.

Göltzschtalbrücke

Dank ihrer Bogen sieht die dreistöckige Göltzschtalbrücke von Weitem aus wie ein riesiges römisches Aquädukt. Ihren eigentlichen Zweck aber erkennt man akustisch immer dann, wenn ein Zug über die größte Ziegelsteinbrücke der Welt fährt.

Sie ist gut 150 Jahre alt und steht so stabil wie am ersten Tag. Aus 26 021 000 Ziegeln und 17 089 Kubikmetern Sand wurde die Göltzschtalbrücke in sächsischer Wertarbeit erbaut. Mächtig und prächtig überspannt sie das enge Tal der Göltzsch. Leider darf man selbst nicht drüberfahren, es sei denn, man setzt sich in die Bahn: Die Züge rauschen noch heute auf der obersten, der vierten Etage der 78 Meter hohen und 574 Meter langen Bogenkonstruktion.

Die Brücke mit ihren 81 Bogen – die größte Spannweite liegt bei 30,9 Metern – wurde

Im Vogtland bei Mylau, 20 km südwestlich von Zwickau; Bahn: bis Netzschkau, dann Bus T 81, T 83 oder T 84 (Ernst-Schneller-Straße), dann 2 km zu Fuß; Auto: A 72; www.goeltzschtalbruecke.de

26 Millionen Ziegel wurden für den Bau der Göltzschtalbrücke benötigt. Bis heute braust der Zugverkehr über das Bauwerk.

zwischen 1846 und 1851 als Teilstück der Eisenbahnstrecke zwischen Leipzig und Nürrberg fertiggestellt. Sie gilt als Meisterwerk der Bau- und Ingenieurskunst und war zu dieser Zeit die höchste Eisenbahnbrücke der Welt. 1736 Arbeiter bewerkstelligten den Bau, 30 verloren dabei ihr Leben.

Kurios: Mittels eines Preisausschreibens versuchte man 1845, das günstigste Projekt zu ermitteln. In allen großen deutschen Zeitungen annoncierte man und 81 Entwürfe waren der Ertrag. Aber bei allen eingesandten Arbeiten fehlte der statische Nachweis, dass die Brücke den Belastungen der Eisenbahnzüge gewachsen sei. Letztendlich wurde das Preisgeld auf vier Projekte aufgeteilt und unter Berücksichtigung einzelner Anregungen aus den Wettbewerbsvorschlägen selbst die Statik berechnet. Dass überwiegend Ziegel als Baustoff verwendet wurden resultierte aus Geldmangel und Zeitdruck. In der Nähe der Baustelle gab es große Lehmlager und die Herstellung der Ziegel war günstig. Nur an den Fundamenten, Pfeilerschäften und Tragebögen verwendete man auch Granit. Trotz der Sparmaßnahmen kostete das ganze Projekt etwa 2,2 Millionen Taler.

Heute besuchen um die 100 000 Menschen pro Jahr das großartige Bauwerk, obgleich man es nur anschauen – und nicht einmal begehen darf. Aber Mitglieder des örtlichen Fremdenverkehrsvereins stehen meist an der Brücke für Fragen und Antworten bereit. Für einen Euro und ab zehn Teilnehmern gibt es auch eine Führung.

In 81 Bogen überspannt die Brücke das Tal.

Am Fuß der Brücke begegnen sich Einheimische und Gäste in geselliger Runde.

Tipp

Im Flug über die Göltzschtalbrücke Per Gasfesselballon geht es auf rund 150 Meter Höhe mit wunderbarem Rundblick über die Brücke und das Vogtland. In der Nähe der Göltzschtalbrücke startet das Unternehmen in einem der derzeit weltgrößten Ballone. Bis zu 30 Fahrgäste können mitfahren. An einem Drahtseil über eine Seilwinde verankert, gleitet der Ballon in die Höhe und wird auch wieder auf die Startplattform herunter gezogen (13 Euro, Tel: 03765/71 18 38).

Altstadt Görlitz

Beinahe unbeschadet hat Görlitz den Zweiten Weltkrieg überstanden. Die Bauten aus dem Mittelalter und der Renaissance geben der östlichsten Stadt Deutschlands ein einmaliges architektonisches Gepräge mit dem Untermarkt als schönstem Fleck.

Die Oder-Neiße-Linie war während des Kalten Kriegs ein oft gehörter Begriff. Im Staatsvertrag zwischen der DDR und Polen definierte er die Grenze beider Staaten. Dieses so genannte Görlitzer Abkommen war von historischer Bedeutung und wurde in Zgorzelec unterzeichnet, der polnischen Nachbarstadt und dem ehemaligen Ostteil von Görlitz. Es war das vorerst letzte bedeutsame Ereignis einer langen Geschichte, da die Stadt lange Zeit am Kreuzungspunkt wichtiger Handelsstraßen lag. 1071 erstmals erwähnt, hatte Görlitz seine Blütezeit um 1350. Insgesamt prägen das Innen-

Postplatz – Obermarkt – Untermarkt;
Auskunft: www.goerlitz-altstadtinfo.de

ter auch das einzige Jugendstilkaufhaus in Deutschland am Marienplatz.

Mittelpunkt des Stadtlebens ist der nebenan liegende Postplatz mit seiner 1887 erbauten Muschelminna. Der Brunnen aus weißem Carrara-Marmor erhielt den Namen von der bronzenen Frauenfigur, die eine Muschel über dem Kopf hält. Die Frauenkirche wurde Mitte des 14. Jahrhunderts erbaut, ihr Turm jedoch erst 1696/1697 vollendet. Ein anderer Turm nahebei, der Dicke Turm, besitzt bis zu fünf Meter dicke Mauern. Der höchste und schönste der Görlitzer Wehrtürme ist jedoch der Reichenbacher Turm. Ihm gegenüber befindet sich eine der interessantesten Stadtbefestigungsanlagen Deutschlands, der ab 1490 erbaute Kaisertrutz. Seinen Namen erhielt er 1641, als die Stadt im Dreißigjährigen Krieg den kaiserlichen und sächsischen Truppen trotzte. Ein Muss ist auch der Obermarkt. Mitte des 13. Jahrhunderts war dieser Platz Mittelpunkt der Stadt und diente dem Getreide- und Salzhandel. Entlang der Dreifaltigkeitskirche gelangt man schließlich zum Untermarkt, der guten Stube mit herrlichen spätgotischen Häusern und Gebäuden aus der Renaissance.

Am Obermarkt steht der Schönhof, das älteste Renaissance-Bürgerhaus in Deutschland.

Vier der einst 32 Basteien der Stadt Görlitz sind heute noch erhalten, unter ihnen der Kaisertrutz.

Ein Paradies für Bücherfreunde: Die Oberlausitzische Bibliothek der Wissenschaften fungiert als Gedächtnis der Region.

stadtbild rund 3500 denkmalgeschützte Gebäude aus Spätgotik, Renaissance, Barock, Gründerzeit und Jugendstil, darunter

Tipp

Auf die Landeskrone Der Görlitzer Hausberg, die 420 m hohe Landeskrone, liegt westlich außerhalb der Stadt und garantiert eine herrliche Rundumsicht, die man am besten vom Aussichtsturm genießt. Anschließend lässt man sich im Biergarten oder im Burgrestaurant nieder (Straßenbahn Linie 2).

Thomaskirche Leipzig

Die Thomaskirche in Leipzig ist seit jeher eng mit der Musik verbunden. Johann Sebastian Bach wirkte dort als Kantor und liegt, wie auch der Minnesänger Heinrich von Morungen, in der Kirche begraben. Seit Jahrhunderten ist sie die Heimat des Thomanerchors.

Der Ruf der heute spätgotischen Thomaskirche, die inmitten des in alter Schönheit restaurierten Thomaskirchhofs liegt, geht weit über die sächsischen Landesgrenzen hinaus. Er ist untrennbar verbunden mit den Thomanern, einem der besten Knabenchöre im deutschsprachigen Raum, und ihrem berühmtesten Kantor, Johann Sebastian Bach, der hier von 1723 bis 1750 wirkte. Vor dem Südportal erinnert das Bach-Denkmal von 1908 an den Komponisten. Seine sterblichen Überreste befinden sich unter einer Bronzeplatte im Chor der Kirche, die zwischen 1212 und 1222 als

Thomaskirchhof; Straßenbahn: Linie 9 (Thomaskirche); tgl. 9.00 – 18.00 Uhr; www.thomaskirche.org

Gotteshaus des Augustiner-Chorherrenstifts zunächst im romanischen Stil entstand.

Auch die Wurzeln des Thomanerchors liegen im 13. Jahrhundert. Im Augustiner-Stift erhielten die Schüler schon zu dieser Zeit eine Ausbildung in liturgischen Gesängen.

Die Stiftskirche wurde im 14. und 15. Jahrhundert zu einer dreischiffigen Hallenkirche mit einem ungewöhnlich steilen Dach mit 63 Grad Neigung – das steilste in Leipzig – umgebaut. Am Pfingstsonntag 1539 predigte Martin Luther von ihrer Kanzel. Dieser Pfingsttag gilt als Tag der Einführung der Reformation in Sachsen, weshalb Luther auch eines der farbigen Fenster im Chorraum gewidmet ist. Das jüngste dieser Gedächtnisfenster – von denen eines natürlich an Bach erinnert – vergab man an Felix Mendelssohn Bartholdy.

Der durch den Handel begründete Reichtum Leipzigs ist die Ursache dafür, dass die Ausstattung der Kirche immer wieder dem jeweiligen Zeitgeschmack angepasst wurde. So bekam der 68 Meter hohe Turm 1702 seine barocke Haube. Und zwischen 1884 und 1889 kam es zum gravierendsten Eingriff, als die gesamte Ausstattung der Barockzeit entfernt wurde und sich das Innere der Kirche seitdem im neugotischen Stil zeigt.

Heute ist die große Grünfläche vor diesem Ort des Glaubens, des Geistes und der Musik zu einem beliebten Treffpunkt junger Leute geworden. Und für viele der 1,7 Millionen Besucher, die jährlich in Leipzig übernachten, gehört die Thomaskirche zum Pflichtprogramm.

Die Thomaskirche gilt als die erste Hallenkirche Sachsens. Mit Martin Luther und Johann Sebastian Bach wirkten hier gleich zwei Größen der deutschen Geschichte.

Wohlwollend blickt Johann Sebastian Bach von seinem Podest vor der Thomaskirche auf moderne Interpreten seiner Kunst hinab.

Tipp

In der Regel kann man die berühmten Thomaner jeden Freitag um 18.00 Uhr und samstags um 15.00 Uhr – dann mit einer Kantate von Johann Sebastian Bach – jeweils gut eine Stunde in der Thomaskirche hören. Es sei denn, es sind Schulferien oder der Chor ist auf Konzertreisen. In letzterem Fall singt ein Gastchor. Der Eintritt ist jeweils frei. Allerdings müssen die Besucher bei den Choreinlagen ein Eintrittsprogramm für einen Euro erstehen. Platzreservierungen sind grundsätzlich nicht möglich.

Sachsen-Anhalt

Zwischen Elbe und Harz ist Luther-Land, dort wird das Mittelalter lebendig, findet sich ein Kerngebiet der deutschen Geschichte: mit den Luther-Gedenkstätten in Wittenberg, Quedlinburg und der Dessau-Wörlitzer Gartenlandschaft.

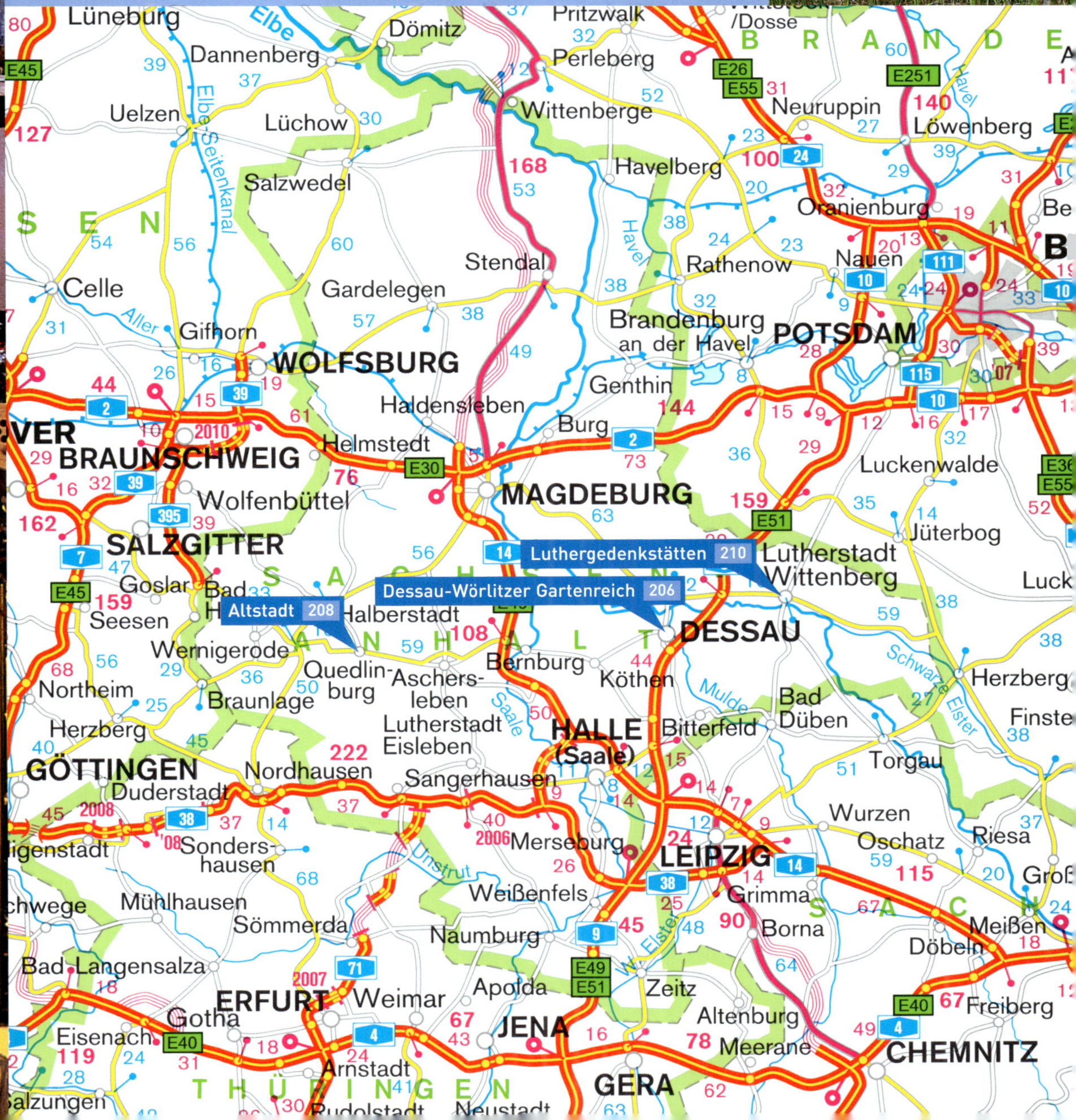

Dessau-Wörlitzer Gartenreich

Wörlitz, 20 Kilometer östlich von Dessau, schmückt sich damit, einen der ersten Landschaftsgärten auf dem europäischen Festland zu besitzen. Das UNESCO-Weltkulturerbe reicht aber weiter: Die Kulturlandschaft Gartenreich umgibt auch Dessau.

Wer Dessau sagt, meint Gropius, Bauhaus und nüchtern-funktionale Architektur. Spricht man von Wörlitz, werden sprachliche Bilder von der Kulturlandschaft Gartenreich gezeichnet. Faktisch gehört das aber sowohl zu Dessau als auch zu Wörlitz: »Ein herausragendes Beispiel für die Umsetzung philosophischer Prinzipien der Aufklärung in einer Landschaftsgestaltung, die Kunst, Erziehung und Wirtschaft harmonisch miteinander verbindet«, urteilte das UNESCO-Welterbekomitee bei der Aufnahme der Kulturlandschaft in die Welterbeliste im Jahr 2000.

Zwischen Dessau und Wörlitz; Bus: Linie 333 (mehrere Haltestellen am Gartenreich); Di. – So. 10.00 – 18.00 (Mai – Sept.) bzw. bis 17.00 Uhr (Okt. – April); www.gartenreich.com

Schöpfer des Gartenreichs war zwischen 1765 und 1810 Fürst Leopold III. Friedrich Franz von Anhalt-Dessau. Er verband – angelehnt an die Philosophie des 18. Jahrhunderts – in dieser Kulturlandschaft den Stil von englischen Parkanlagen mit Schlössern und Weideflächen, Tempel im antiken Stil mit Flüssen und Seen, klassizistische mit neugotischen Bauwerken, Brücken mit Grotten, Kanäle mit Statuen. Und so erstreckt sich zwischen der Bauhausstadt Dessau und dem kleinen Wörlitz eine abwechslungsreiche, aber natürlich wirkende Gartenanlage, die auf 150 Quadratkilometern ein Gefühl von unendlicher Weite gibt. Die aufklärerischen Absichten des Bauherrn zeigen sich in der Offenheit der Anlage: Kein Zaun trennte den Garten von der Stadt. Jedermann hatte freien Zutritt und konnte sogar das Schloss besichtigen.

Zahlreiche Anregungen fanden der Fürst und seine Berater auf Bildungsreisen nach England, Frankreich, Italien und in die Niederlande. So erinnert das Gotische Haus an eine venezianische Kirche, während das Schloss im Landhausstil als Gründungsbau des Klassizismus in Deutschland gilt. 19 Brückentypen, von der Furt bis zur Gusseisenbrücke, skizzieren die Geschichte des Brückenbaus. Meisterwerke von Rubens oder van Dyck sind im Rokoko-Schloss Mosigkau zu sehen, die Galerie im Schloss Georgium zeigt niederländische und altdeutsche Malerei, u. a. von Lucas Cranach. Und in Oranienbaum legte der Fürst einen englisch-chinesischen Garten an. Mehr Abwechslung für 800 000 Besucher jährlich ist kaum möglich.

Offensichtlich chinesisch inspiriert ist die Backsteinpagode im Schlosspark Oranienbaum.

Die kleine und intime Anlage von Schloss Luisium ist ein herausragendes Zeugnis frühklassizistischer Architektur in Deutschland. Das Landhaus samt dem 14 Hektar großen Garten ist der Fürstin Luise von Anhalt-Dessau gewidmet.

Tipp

Architektonisches Kontrastprogramm

Nach dem Besuch im paradiesischen Gartenreich sollte man sich die konträr anmutende Bauhaus-Idee an ihrem Ursprungsort erklären lassen. Hinter einem der bedeutendsten Architekturstile des 20. Jahrhunderts und hinter der berühmten funktionalen Bauhaus-Fassade nach dem Entwurf von Walter Gropius steckt so manches Detail, das man durch bloßes Hinsehen nicht erkennt. Deshalb eine Führung machen: täglich um 11.00 und 14.00 Uhr oder nach Voranmeldung (Tel. 0340/6508251).

Ungewöhnliche Perspektiven bietet eine Gondelfahrt über die Gewässer der Wörlitzer Anlagen.

Quedlinburger Altstadt

Quedlinburg besuchen heißt, im Mittelalter landen – als sei man auf Zeitreise. Holpriges Kopfsteinpflaster, verwinkelte Gassen, manch weiträumiger Platz und ein zurückgekehrter Domschatz: Das Städtchen ist zurecht eine Weltkulturerbestätte.

Wie geht ein Domschatz verloren? Ganz einfach: Ein Oberleutnant der US-Armee hatte in den Nachkriegswirren zwölf kostbare Stücke mit in die Heimat genommen – und keiner wusste davon. 1990 wollten seine Erben den Schatz verkaufen. Damit wurde die Spur wieder gefunden. Nach einem langwierigen Vergleich gelang die Rückführung. Sechs Millionen Mark wurden, als Finderlohn deklariert, bezahlt. Seit 1993 ist der Quedlinburger Domschatz, zusammen mit dem Aachener und Halberstädter der wertvollste in Deutschland, also wieder komplett.

Östliche Harzrandlage; Anfahrt: mit der Bahn, Auto: auf B 79, B 81 und B 245, der Straße der Romantik; www.quedlinburg.de

1200 Fachwerkhäuser aus sechs Jahrhunderten säumen in geschlossener Kette die Straßen Quedlinburgs. Sie sind das größte Flächendenkmal Deutschlands und wurden 1994 in die Weltkulturerbeliste aufgenommen. Aber die Geschichte lebt. Ein großer Teil der knapp 30 000 Quedlinburger bewohnt die historischen Gebäude oder es finden sich Geschäfte und Cafés in dieser originalen Bausubstanz.

Überragt wird die einstige Hansestadt vom Burgberg und der Stiftskirche St. Servatius, mit der auch die Geschichte der Stadt 919 als »Quitilingaburg« beginnt. Sachsenherzog Heinrich wurde hier zum ersten deutschen König gewählt; sein Sohn gründete einige Jahre später auf dem heutigen Burgberg ein Frauenstift. Um 1100 begann man mit dem Bau der dreischiffigen Stifts- oder Schlosskirche, die zu den bedeutendsten Architekturdenkmälern der Hochromanik in Deutschland zählt. In der Krypta sieht man romanische Wandmalereien und vor allem den Sarkophag von Heinrich I. Die beiden Schatzkammern bewahren den zurückgekehrten Domschatz auf, einen der kostbarsten Kirchenschätze des Mittelalters. Er besteht unter anderem aus mehreren Reliquienschreinen aus Gold, Edelsteinen und Elfenbein, dem Quedlinburger Evangeliar und dem Servatiusstab.

Zu den weiteren besonderen Sehenswürdigkeiten zählen das Geburtshaus von Friedrich Gottlieb Klopstock und das älteste Fachwerkhaus Deutschlands aus der ersten Hälfte des 14. Jahrhunderts in der Wordgasse.

In Quedlinburg dreht sich fast alles um die Geschichte – hier ein Wirtshausschild mit historischem Bezug.

Am Marktplatz sticht dem Besucher die breite und pflanzenumrankte Fassade des Rathauses mit seinem Renaissanceportal ins Auge.

Am südlichen Rand der Innenstadt, auf dem Burgberg, thront die Stifts- oder Schlosskirche.

In historischem Ambiente lässt sich stimmungsvoll feiern, z. B. beim »Kaiserfrühling« in der Altstadt.

Tipp

Zurück ins Mittelalter und ab in den Turm: In Quedlinburg bietet der Schreckensturm aus dem 16. Jahrhundert eine einmalige Behausung. Dort kann man tatsächlich als Tourist in einem Turm wohnen, hoch oben, hinter dicken Mauern. Die Ferienwohnung selbst ist natürlich modern eingerichtet, bietet zwei Schlafzimmer, Bad, Küche und das Turmzimmer mit einen atemberaubenden Ausblick über das mittelalterliche Quedlinburg (ab 80 Euro für zwei Personen, zwei weitere Personen ab 24 Euro, Tel. 03946/905624).

Luthergedenkstätten Wittenberg

In Wittenberg dreht sich alles nur um einen Mann: Martin Luther. Die Wiege der Reformation war im 16. Jahrhundert ein geistiges und kulturelles Zentrum in Europa und ist, zusammen mit der anderen Lutherstadt, Eisleben, ein Weltkulturerbe.

Mit einem Schwarzen Brett – so würde man wohl heutzutage dazu sagen – begann einst die Reformation: Das als Thesentür bekannte hölzerne Kirchenportal diente der Universität zu Wittenberg, die 1502 gegründet wurde, als Wandzeitung. Und der Augustinerpater und Gelehrte, der Doktor der Theologie, Martin Luther, heftete – Legende? – am 31. Oktober 1517 daran seine 95 Thesen »Wider des Missbrauchs des Ablasshandels«. Die originale Thesentür ist dem verheerenden Brand von 1760 zum Opfer gefallen – und mit ihr die Hälfte der Schlosskirche. Die heutige Tür ist aus Bron-

Schlossplatz; Schlosskirche: Mo. – Sa. 10.00 – 17.00, So. 11.30 – 17.00 Uhr (Nov. – Apr. bis 16.00 Uhr); Lutherhaus: Di. – So. 10.00 – 18.00 Uhr, (Nov. – März bis 17.00 Uhr); Eintritt: 2,50 Euro; www.wittenberg.de

ze gegossen und wiegt 22 Zentner. Sie wurde 1858 eingeweiht und gibt in lateinischer Sprache den Wortlaut der Thesen wieder. Darüber sieht man ein Gemälde, das rechts Luther mit der deutschen Bibel, links Melanchthon mit der Augsburger Konfession und im Hintergrund Wittenberg zeigt.

Die Luthergedenkstätten in Wittenberg wurden 1996 von der UNESCO als Weltkulturerbe der Menschheit anerkannt, da sie »einen bedeutenden Abschnitt in der menschlichen Geschichte repräsentieren und als authentische Schauplätze der Reformation von außergewöhnlicher universeller Bedeutung sind«.

Die Schlosskirche wurde um 1500 erbaut und war zunächst die Privatkirche des Kurfürsten Friedrich III., auch Friedrich der Weise genannt. Auf seinen Befehl hin wurde Luther in ihr bei der Kanzel bestattet. 1892, mehr als 130 Jahre nach dem großen Brand, wurde sie als Denkmal der Reformation wieder auf- und einer der beiden Schlosstürme zum Kirchturm umgebaut. Der 88 Meter hohe Turm kann bestiegen werden.

Das Lutherhaus, in dem der Reformator von 1508 bis 1546 wohnte und das heute zusammen mit den drei anderen Gedenkstätten in Wittenberg und Eisleben jährlich von rund 150 000 Interessierten aus aller Welt besucht wird, ist heute ein reformationsgeschichtliches Museum. Ausgestellt sind in der original erhaltenen Wohn- und Arbeitsstätte zahlreiche Schriften, Drucke, Münzen und Luthers Universitätskalender.

Das Lutherhaus – Martin Luthers ehemaliges Wohnhaus – beherbergt heute das größte reformationsgeschichtliche Museum der Welt.

Blick zum Kalksteinaltar in der Schlosskirche.

Blick ins Innere des Lutherhauses. Luther bezog dieses Gebäude im Jahre 1507, in seinen Besitz gelangte es 1532.

Luthers Förderer Friedrich der Weise. Er schützte den Reformator vor der Kirchengerichtsbarkeit.

Tipp

Go, Trabi, go Der einstige Kinohit wird in die Wirklichkeit umgesetzt. Zum einen kann man in Gruppen das so genannte Trabi-Abi machen – mit Parcoursfahrten, unter anderem auch mit verbundenen Augen, nur auf den Beifahrer hörend, und mit Orientierungstouren sowie dem Wissen, keinen Bremskraftverstärker nutzen zu können. Zum anderen kann man die legendären Rennpappen aus Zwickau auch einfach für einen Tag mieten und Wittenbergs Umgebung in authentischem fahrbarem Untersatz erkunden (Tel. 03491/660195).

Schleswig-Holstein

Deutschlands nördlichstes Bundesland liegt zwischen zwei Meeren auf null bis 168 Metern Höhe: Helgoland, Sylt, Hallig Hooge oder Timmendorfer Strand gehören ebenso dazu wie Lübecks Holstentor und die Kieler Förde.

Helgoland

Grün ist das Land, rot ist die Kant, weiß ist der Sand, das sind die Farben von Helgoland. Dazu kommen Trottellummen, die sich wagemutig von den Klippen stürzen, und Besucher, die innerhalb Deutschlands zollfrei einkaufen können.

Deutschlands Ferne, das ist Helgoland mit seiner langen Anna. 70 Kilometer von der Elbmündung entfernt, draußen im rauen Meer, hält die gut zwei Quadratkilometer große Insel wacker die Stellung. Kein zu Deutschland gehörendes Landstück ist vom Mutterland weiter entfernt, obgleich Helgoland nicht der nördlichste Punkt der Republik ist. Den darf Sylt für sich beanspruchen.

Böse Zungen nennen Helgoland »Fuselfelsen«, wegen der Duty-Free-Einkaufsmöglichkeiten von Schnaps über Duftwässerchen

70 km nordwestlich der Elbmündung; Fähre ganzjährig von Cuxhaven, in der Saison (April – Okt.) u. a. auch von Wilhelmshaven, Bremen und Bremerhaven; www.helgoland.de

bis Zigaretten. Das Privileg gilt seit 1840, als England von Dänemark die Herrschaft über Helgoland übernahm. 50 Jahre später tauschte der deutsche Kaiser die Insel gegen das ostafrikanische Sansibar ein.

Hitler ließ 14 Kilometer Bunker in den Buntsandsteinbrocken fräsen, womit die Insel ein bevorzugtes Angriffsziel der Alliierten wurde und nach 1945 unbewohnbar war. Britischen Bombern diente sie nach dem Zweiten Weltkrieg noch als Übungsziel, ehe sie am 1. März 1952 an Deutschland zurückgegeben wurde.

Heute leben wieder gut 1500 Menschen auf Helgoland, das sich in Ober- und Unterland aufteilt, verbunden mit einem Aufzug und Treppen. 40 000 Touristen besuchen jährlich das Eiland – meist nur im Sommer – um die Lange Anna, das 48 Meter hohe Wahrzeichen, zu sehen. Um den frei stehenden Felsfinger hat sich ein Vogelparadies entwickelt. Vom benachbarten Lummenfelsen stürzen die jungen stummelflügeligen Trottellummen, die aussehen wie Minipinguine, in die Tiefe. Im Meer zeigen sich Kegelrobben als wendige Sportler, kommen aber am Land nur flossenhoppelnd voran. Und auf der zu Helgoland gehörenden Insel Düne darf auch gebadet werden – bei allerdings stets frischen Wassertemperaturen.

Tausende von Möwen schwirren durch die Luft, die übrigens die sauberste Deutschlands ist, was Heuschnupfengeplagte oder Asthmatiker bestätigen können. Helgoland hat auf eine charmante Art seine 1950er-Jahre-Atmosphäre bewahrt – wenn man einmal vom neuen Design-Hotel »Atoll« absieht, das auf dem Platz des einstigen Kurhauses steht.

Im Schutz der Nordmole ragt die Lange Anna auf. Bis 1860 war sie noch durch eine natürliche Felsbrücke mit der Hauptinsel verbunden.

Helgolands Felsformationen sind ein Pardies für Wasservögel. Im Bild junge Basstölpel.

Das Bild des Helgoländer Hafens wird bestimmt von weißen »Börtebooten« und bunten Hummerbuden.

Tipp

Rasch nach Helgoland Wer das abgelegenste Stück Bundesrepublik stilecht über See anlaufen möchte, muss durchs Hamburger Loch. Auf diesem Stück Überfahrt wird auch bei gutem Wetter demjenigen schlecht, der bislang glaubte, seefest zu sein. Für etwas mehr als den doppelten Preis (ab 99 statt rund 40 Euro für die Fähre von Cuxhaven) fliegt Air Hamburg nach Helgoland. So kommt man schneller und von Anfang an in den Genuss von Urlaub, ohne dass man sich zunächst einmal von der Anfahrt langsam erholen muss ...

Hallig Hooge

Hallig Hooge, das sind ungefähr fünfeinhalb Quadratkilomter Friesland, die in einer sich ständig durch Ebbe und Flut wandelnden Welt liegen. Hooge ist die zweitgrößte Hallig im Nationalpark Wattenmeer – und mit Sicherheit die typischste.

Eine Hallig ist keine Insel. Und Warften sind nicht einfach Dörfer. Gegenüber Einheimischen sollte man diesbezüglich immer sehr präzise sein. Typisch für eine Insel ist, dass das Inselgebiet dauerhaft aus dem Wasser ragt. Bei einer Hallig ist das nicht der Fall. Sie wird bei Sturmflut überschwemmt und nur noch die Häuser auf den Anhöhen, den Warften, schauen heraus. Auf den Halligen sagt man dann: Es herrscht Landunter. Aber zuvor muss alles Hab und Gut auf die Warften gebracht werden. Diesen Kampf mit der Natur nehmen noch heute auf neun Warften etwa 110 Einwohner auf.

Nationalpark Schleswig-Holsteinisches Wattenmeer zwischen Amrum im Norden und St. Peter-Ording im Süden; Fähre: ab Schlüttsiel, im Sommer zweimal täglich, 1 Stunde Fahrtzeit.

Besucher suchen dagegen Ruhe, gute Seeluft, Tradition und friesische Idylle. An manchen Tagen gelingt das nur teilweise, weil der Tross auf der kleinen Hallig den immer gleichen Weg hat: Fähranleger, Hanswarft, Kirchwarft, Backenswarft. Im touristischen Fokus liegt besonders die Hanswarft. Dort befinden sich der Königspesel, wo 1825 der dänische König Frederik VI. übernachtete, weil er wegen schlechten Wetters die Hallig nicht mehr rechtzeitig verlassen konnte. Das ehemalige Kapitänshaus aus dem 17. Jahrhundert ist ein gutes Beispiel friesischer Wohnkultur. Außerdem gibt es auf der Hanswarft ein Heimatmuseum, die Schutzstation Wattenmeer, das Sturmflutkino, wo auch der Besucher Landunter erleben kann, sowie Restaurants, den kleinen Supermarkt und einen Kiosk.

Hallig Hooge verspricht ihren Gästen Abstand vom Alltag und Erholung. Es werden ornithologische Führungen oder Wattwanderungen angeboten sowie im Sommer Ausflugsfahrten zu den benachbarten Inseln und Halligen. Hooge ist mit 560 Hektar die zweitgrößte von zehn Halligen im Nationalpark Schleswig-Holsteinisches Wattenmeer.

Abendstimmung auf Hallig Hooge, der »Königin der Halligen«.

Ebbe an der Kirchwarft der Hallig Hooge.

Ein Besuch des danischen Königs Frederik VI. in diesem gemütlichen Kapitänshaus adelte es zum »Königspesel«.

In Zeiten globaler Erwärmung und steigender Meeresspiegel wird das in Zukunft sicher nicht einfacher werden.

Tipp

Der breiteste Strand Europas

Wer diesen sucht, sollte sich aufmachen zum Kniepsand auf Amrum: Kilometerweit vertieft er sich ins Land. Die große Sandkiste liegt im Nationalpark Schleswig-Holsteinisches Wattenmeer, dem größten zwischen Sizilien und dem Nordkap. Im Sommer verkehren täglich Fähren zwischen Hooge und Amrum.

Kieler Förde

Die sommerliche Kieler Woche machte die Landeshauptstadt und ihre Kieler Förde nicht nur unter Seglern weltweit bekannt. 1972 fanden dort auch die olympischen Segelwettbewerbe statt. Und im Tirpitzhafen liegt die berühmte »Gorch Fock«.

Vom Kieler Sporthafen Düsternbrook im Zentrum bis zum Bülker Leuchtturm, der die Einfahrt von der Kieler Bucht in die Kieler Förde markiert, sind es knapp 20 Kilometer. In diesen Meeresarm liefen schon viele bedeutende, große und schöne Schiffe ein und regelmäßig die Skandinavienfähren. Das Ziel: der Passagierhafen Kiel, der größte in Deutschland. Oft begleiten Lotsen die Handelsschiffe, wenn sie den Nord-Ostsee-Kanal passieren möchten. Es herrscht reger Verkehr, vom Containerriesen bis zur Segeljolle. Drei Millionen Besucher schätzt man an der Kieler Förde pro Jahr und zur Kieler

www.kiel-tourist.de

Woche kommen 5000 Segelboote und Windjammer, mehr als zu den Olympischen Spielen.

Die Kieler Förde entstand durch Gletscherbewegungen in der letzten Eiszeit und wurde ein natürlicher Tiefwasserhafen. Der Bülker Leuchtturm am Mund des Meeresarms hat sein Pendant nur wenige Kilometer fördeeinwärts in Strande, wo 1999 zum ersten Mal ein aktiver Leuchtturm der Öffentlichkeit zugänglich gemacht wurde. Der 1807 erbaute schwarz-weiß gestrichene Turm hat auf 22 Meter Höhe eine Plattform, von der man auf die Förde, den Olympiahafen Schilksee und vis-à-vis bis zum Ostseebad Laboe blicken kann. Laboe ist bekannt für seinen feinsandigen Badestrand und die vorgelagerten Sandbänke. Aber auch der Jacht- und Fischereihafen, wo man fangfrischen Fisch direkt vom Kutter kaufen kann, das begehbare U-Boot 995 und dahinter das 85 Meter hohe Marine-Ehrenmal sind sehenswert.

An der Friedrichsorter Enge ist der Fjord nur noch einen Kilometer breit, öffnet sich aber Richtung Kiel wieder. Im Zentrum markiert der Tirpitzhafen am Hindenburgufer den Marinestützpunkt. Dort liegt auch das berühmte Segelschulschiff »Gorch Fock«. Am Hörn sieht man noch die Flächen der ehemaligen Werftindustrie und bei der Anlegestelle Seegartenbrücke das Institut für Meereskunde mit einem bemerkenswerten Aquarium. In Düsternbrook, direkt am Förde-Ufer, liegt auch das Landeshaus, der Sitz des schleswig-holsteinischen Landtags und der Landesregierung.

Im Mittelpunkt der Kieler Woche stehen Segelregatten und damit der Sport. Sie ist aber auch der kulturelle Höhepunkt im Kieler Stadtleben.

Die Holtenauer Schleuse am Kieler Endpunkt des Nord-Ostsee-Kanals. Ihre nutzbare Länge beträgt 310 Meter.

Tipp

Riesenpötte im Grünen Wie eine Fata Morgana tauchen sie auf. Die Kinder staunen und sogar die Angler blicken auf. Am Nord-Ostsee-Kanal, der, von Brunsbüttel unweit der Nordseebadestrände kommend, bei Holtenau in die Ostsee mündet, geben sich die Riesenpötte mitten im Grünen die Ehre: gigantische Container- und schneeweiße Kreuzfahrtschiffe. An einer der meist befahrenen künstlichen Wasserstraßen der Welt können Seh-Leute ganz umsonst genüsslich Riesen auf dem Land gucken gehen.

Partystimmung vor Windjammerkulisse – das macht den besonderen Reiz der Kieler Woche mit aus.

Holstentor Lübeck

Den 50-Mark-Schein gibt es zwar nicht mehr, doch das Holstentor in Lübeck kennt trotzdem jeder Deutsche. Die beiden einprägsamen, spitz zulaufenden Rundtürme und die Treppengiebelfassade dazwischen sind seit 1987 Teil des Weltkulturerbes Lübecker Altstadt.

Bekannt und verkannt, schön und unnütz: Das Holstentor hat eine ganz eigene Geschichte, die manchmal zum Schmunzeln ist. 30 Geschütze fanden einst im Holstentor Platz, aber aus ihnen wurde nie auch nur ein Schuss abgefeuert. Die untersten Schießscharten liegen heute zum Teil mehr als einen halben Meter unter der Erdoberfläche, denn der Boden gab im Lauf der Jahrhunderte immer weiter nach. Mit der Einführung neuer DM-Scheine verschwand das bedeutendste erhaltene Stadttor des Spätmittelalters in Deutschland schließlich gänzlich – allerdings nur aus dem Zahlungsverkehr, da

Altstadt, Stadtmitte; Bus: Linien 1, 3, 10, 11, 12, 15, 21, 30, 31, 34, 40; Museum Di. – Fr. 10.00 – 17.00, Sa. und So. 11.00 – 18.00 Uhr; Eintritt: vier Euro; www.luebeck.de

Im Zuge einer Modernisierung der Befestigungsanlagen baute man 1464 bis 1478 das Tor und versah es mit der Inschrift »Concordia domi foris pax – drinnen Eintracht, draußen Friede«. Es hat bis zu 3,50 Meter dicke Mauern und steht auf einer sieben Meter hohen Aufschüttung, unter der sich etwa sechs Meter Moor und Torf befanden, die wahrscheinlich inzwischen unter dem Druck des Bauwerks zu Braunkohle wurden. Schon während der Bauzeit sank der Südturm ab und das Tor neigte sich nach Westen.

Die Entwicklung der Kriegstechnik ließ das Stadttor auch recht schnell veralten. Schon im 16. Jahrhundert wurde die Errichtung einer Bastion vor dem Tor notwendig. 1863 lehnte die Lübecker Bürgerschaft glücklicherweise den Antrag ab, das Tor abzureißen. Bis 1871 restaurierte man – wenn auch nicht historisch exakt. 1931 bis 1933 wurde der Bau durch Stahlbetonanker gefestigt, sodass er seitdem sicher steht.

Obgleich verkannt und oft unnütz wurde das Holstentor zum Wahrzeichen Lübecks. Marzipanhersteller und andere Lübecker Firmen verwenden es als Symbol. Seit 1950 beherbergt es das Stadtgeschichtliche Museum.

Einst war Lübeck als Zentrum des mächtigen Hansebundes die reichste und bedeutendste Stadt des Ostseeraums. Das trutzige Holstentor ist ein spätes Relikt dieser Zeit.

der braune 50-Mark-Schein, von 1958 bis 1991 im Umlauf, mit dem schönen Holstentor darauf eingezogen wurde.

Der Museumshafen Lübeck belegt die seit Jahrhunderten enge Verbindung der Stadt mit der Seefahrt.

Tipp

Beim Nobelpreisträger Einem Nobelpreisträger persönlich begegnen – in Lübeck ist das, mit etwas Glück, möglich. Man kann ihm beim Vorlesen zuhören oder beim Skizzieren über die Schulter schauen. Im Günter-Grass-Haus ist der Literaturnobelpreisträger häufig zugegen, im Garteninnenhof liegt sein Sekretariat. (www.guenter-grass-haus.de).

Rotes Kliff Sylt

Sylt hat drei Erkennungsmerkmale: seine schicken Besucher in ihren schicken Autos, die hohen Sanddünen und das Rote Kliff. Zwischen Westerland und Kampen zieht sich das Insel-Highlight über mehr als vier Kilometer an der Nordseeküste entlang.

Das Eiland ist ein Schatz. Ein 99 Quadratkilometer großer Schatz, von dem magische Anziehungskraft ausgeht: Sylt wurde zur Königin der Nordsee, zur Insel der Reichen, zum Naturparadies und nicht zu vergessen zum Urlaubertraum mit 40 Kilometer Sandstrand für über 650 000 Gäste im Jahr.

Wo einfache Fischverkäufer zu Fischverkaufs-Millionären geworden sind, wo Bentleys kein Aufsehen erregen und Reichsein schlicht als normal erscheint, wo so mancher Promi feiste Partys feiert, dort steht wie ein Fels in der Brandung, genau im Zentrum

Im Zentrum der Westküste von Sylt; Bus: Linien 1 und 3 (Rotes Kliff); www.sylt.de

zwischen Nord und Süd, das Rote Kliff. Dort wurden Sylter Karrieren geschrieben, Sylter Stimmungen genossen, ja sogar das Sylter Gefühl beschworen. Auf Sylt hat man mehr vom Meer, mehr vom Himmel, mehr vom Sand – auf dem bis zu 30 Meter hohen Roten Kliff sowieso. In jedem Fall und nachweisbar hat man 220 Stunden pro Jahr mehr Sonne als auf dem elf Kilometer entfernten Festland.

Geologen schätzen das Alter der unteren Schichten des Kliffs auf bis zu drei Millionen Jahre. Sie bestehen aus Kaolinsand, auf dem sich vor rund 180 000 Jahren Lehmschichten ablagerten, in denen unterschiedlichste Gesteine nachgewiesen wurden, so zum Beispiel Granit aus Schweden. Die Grenze zwischen Kaolinsand und Lehm ist stellenweise sehr gut als waagerechte Linie auszumachen. Die markante Farbe entstand durch Eisenoxidation, die im Sonnenuntergangslicht besonders zur Geltung kommt.

Immer wieder brechen große Stücke der Steilküste ab. Selbst die Häuser auf dem Kliff sind heutzutage durch Landabbrüche bedroht. 1979 wurde das Rote Kliff samt seiner 177 Hektar Dünenlandschaft unter Naturschutz gestellt. Dazu gehört auch die höchste Erhebung, die Uwe-Düne mit gut 52 Metern, von der man einen der schönsten Blicke auf Sylt genießen kann. Der Name geht auf den Unabhängigkeitskämpfer Uwe Jens Lornsen zurück, der im 19. Jahrhundert als Landvogt für die Loslösung von Dänemark und die Anbindung an Deutschland eintrat.

Markant erhebt sich das Rote Kliff zwischen Wenningstedt und Kampen auf Sylts zur offenen See gelegenen Westseite.

Tipp

Sylt normal Das urwüchsige Sylt, abseits vom Inselherz Westerland und vom Laufsteg Kampen, liegt ganz im Norden der Insel, am Ellenbogen: eine außergewöhnliche Verbindung zwischen rauem Meer, seichtem Watt und hohen Dünen. Am nördlichsten Zipfel Deutschlands werden mit jeder Tide etwa eine halbe Million Kubikmeter Meerwasser bewegt: vom offenen Meer ins Watt hinaus und wieder zurück. Man riecht und hört das Meer zwar von fast jeder Stelle der Insel, aber nirgendwo intensiver als am wunderschönen Ellenbogen.

Im Sommer wird die Insel mit ihren insgesamt 40 Kilometer langen Sandstränden zum Badeparadies.

Timmendorfer Strand

Wenn Sylt nicht wäre, dann dürfte sich Timmendorfer Strand wohl als mondänstes Seebad Deutschlands bezeichnen. An der Lübecker Bucht gelegen, mit bunten Strandkörben bestückt, zeigt man sich dort gerne – und nicht nur in den Kuranlagen.

Trendy und traditionell, szenig und salztrocken: Am sieben Kilometer langen Strand findet jeder sein Urlaubsvergnügen – ob alt, ob jung, ob gesund oder auf Kur. Sandstrand und Promenade, Baden und Bummeln, Sehen und Gesehenwerden, Restaurants und Fischbuden, Kneipen und Kureinrichtungen, Partys und Konzerte, da hat Langeweile kaum eine Chance. Zumal sich auch das Sportangebot sehen lassen kann. Timmendorfer Strand ist nicht nur ein Wassersport- sondern auch ein Golfparadies. Fünf schöne Plätze im Umland ziehen Profis ebenso wie Anfänger an. Und in Sachen

In der Lübecker Bucht rund 20 km nördlich von Lübeck; Anfahrt per Bahn und über die A 1; Saison ist von Mai bis September; www.timmendorfer-strand.de

Wohl dem, der einen erobert hat: Strandkörbe müssen sein.

Beach-Volleyball ist Timmendorfer Strand ein Sommerwochenende lang das, was Wimbledon fürs Tennis ist: das Mekka einer Sportart. Dazu kommt ein erstaunlich vielfältiges Themenparkangebot. Das begehbare Aquarium Sea Life mit Hai-Tunnel, der Vogelpark Niendorf mit Europas größter Eulensammlung, der Hansapark Sierksdorf und die Wasserskianlage in Süsel stehen dabei im Mittelpunkt des Interesses. Dagegen geht der romantische Hemmelsdorfer See mit Deutschlands tiefster Stelle beinahe unter ...

Das beste aber ist und bleibt ein Tag im Strandkorb am Timmendorfer Strand. Hat das Körbchen doch mehrere gute Seiten: Er fängt die warmen Sonnenstrahlen ein und lässt den Wind nicht herein. In ihm lässt es sich herrlich quatschen und flirten, picknicken oder einfach nur entspannen.

Auch wenn der Name nur nach einer Strandbezeichnung klingt: Timmendorfer Strand ist ein Ort mit 5000 Einwohnern und 185 000 Gästen, die mit rund 1,5 Millionen Übernachtungen pro Jahr die Kassen klingeln lassen. Entstanden ist die Gemeinde aus Klein-Timmendorf, immerhin schon 1260 erstmals urkundlich erwähnt. Bis zur Wende vom 19. zum 20. Jahrhundert hieß der heutige Kur- und Badeort offiziell auch nur Klein-Timmendorfer Strand und wurde um diese Zeit bereits von 700 Gästen pro Saison besucht. Wie Niendorf, Haffkrug und Scharbeutz gehörte auch Timmendorfer Strand bis 1938 zu den Oldenburgischen Ostseebädern, eine Exklave des Großherzogtums Oldenburg.

Auf unterhaltsame Weise informativ: das Sea Life Center.

Regelmäßig finden in Timmendorfer Strand die Deutschen Meisterschaften im Beach-Volleyball statt.

Tipp

Nachts geht es los Von vielen Kurbadeorten heißt es ja, dass abends die Bordsteige hochgeklappt werden. Für Timmendorfer Strand trifft das nicht zu. Es lohnt sich auszuschlafen oder im Strandkorb ein Nachmittagsnickerchen zu machen, um ins Nachtleben des Seebads einzutauchen: ob im »Café Wichtig«, im »Fitz« oder in anderen Chilloutspots. Es gibt den lockeren Strand-Schwoof oder heiße Disco-Nächte. Und wenn alles langsam schließt, geht es weiter ins »Nautic« ...

Thüringen

99998 lautet die letzte in Deutschland vergebene Postleitzahl – zu finden in Thüringen. Dabei müsste es mit der Wartburg, dem Sinnbild der deutschen Einheit, und Weimar, der Stadt der deutschen Klassik, doch eigentlich ganz vorne stehen.

Wartburg bei Eisenach

Die Wartburg bei Eisenach zählt nicht nur zu den besterhaltenen Burgen des deutschen Mittelalters. Sie ist auch sinnbildlich ein mehr als 900 Jahre altes Geschichtsbuch, mit Kapiteln von den Minnesängern bis zum Wartburgfest.

Die Burg, ein Mann, ein Atemzug: Wartburg und Martin Luther. Dort suchte der Reformator einst nur Zuflucht, übertrug dann aber 1521 und 1522 das Neue Testament aus dem griechischen Urtext ins Deutsche, womit er einen entscheidenden Beitrag zur Herausbildung der deutschen Schriftsprache leistete.

Der Legende zufolge wurde die Wartburg im Jahr 1067 von Graf Ludwig dem Springer gegründet, 13 Jahre später das erste Mal erwähnt. 1155 begann man mit dem Bau des Hauptgebäudes der Burg, in seiner Art bis

Oberhalb von Eisenach; Bus: Linie 10 (Wartburg); tgl. 8.30 – 20.00 (März – Okt.), 9.00 – 17.00 Uhr (Nov. – Feb.); Eintritt: 3,50 Euro; www.wartburg-eisenach.de

dahin einzigartig. Nun nahmen wichtige Ereignisse der deutschen Kulturgeschichte hier ihren Lauf. So trugen Walther von der Vogelweide, Wolfram von Eschenbach und andere Minnesänger des Hochmittelalters 1206 den Sängerkrieg auf der Wartburg aus, der die Regierungszeit Landgraf Hermanns I. als Epoche der höfisch-ritterlichen Dichtkunst illustriert. Nur wenige Jahre später lebte die heilige Elisabeth auf der Burg. Ihre Askese sorgte schon bei Hofe für Aufsehen. Nach dem Tod ihres Gemahls Ludwig IV. folgte sie 1227 ihrem Beichtvater nach Marburg, um dort ein Leben in kompletter Armut, Keuschheit und Demut zu führen. Bereits vier Jahre nach ihrem frühen Ableben 1231 wurde sie von Papst Gregor IX. heilig gesprochen.

Geschichte und Geschichten von der Wartburg ließen sich unendlich fortschreiben. Nach Luther kam Goethe, fünf Wochen lang 1777, und zum 300. Reformationsjubiläum sowie anlässlich des vierten Jahrestags der Leipziger Völkerschlacht gegen die napoleonische Fremdherrschaft trafen sich am 18. Oktober 1817 500 Studenten zum Wartburgfest, der ersten bürgerlich-demokratischen Versammlung in Deutschland. Unter dem Motto »Ehre – Freiheit – Vaterland« kämpften sie für einen geeinten Nationalstaat. Damit wurde die Wartburg zu einem politischen Symbol in Deutschland.
1999 nahm die UNESCO das nationale Denkmal in die Liste des Welterbes der Menschheit auf. Knapp 500 000 Besucher kommen jedes Jahr auf die Wartburg, deren Besuch für Kinder ein echtes Highlight hat: den Eselsritt zur Burg hinauf.

Auf dem Felskegel bei Eisenach entstand im 11. Jahrhundert die Wartburg. Hier eine Ansicht aus nordöstlicher Richtung.

Die Mosaiken in der Elisabeth-Kemenate zeigen Szenen aus dem Leben der Heiligen.

Als »Junker Jörg« verbrachte Luther in dieser Stube auf der Wartburg die Zeit mit der Übersetzung der Bibel ins Deutsche.

Tipp

Eisenach nicht vergessen Im Schatten der Geschichte der Wartburg wirkt Eisenach meist ein wenig verloren, obgleich das Städtchen einiges zu bieten hat. Ob nun Markt und Altstadt oder Schloss und Rathaus: Es wäre schade, Eisenach links liegen zu lassen. Neben dem Luther-Haus und -Denkmal gibt es auch das Bach-Haus und die Gedenktafel für Charlotte von Stein. Die beiden Letztgenannten sind in Eisenach geboren. Wie auch der in DDR-Zeiten legendär gewordene Wartburg, in dessen Produktionsstätte 1991 die Adam Opel AG Einzug gehalten hat.

Erfurter Domberg

Mit der Maria Gloriosa läutet eine der größten und klangvollsten Glocken der Welt im Mariendom zu Erfurt. Aber nicht nur ihr Klang, sondern auch das Ensemble von Dom und Severikirche auf dem Domberg hinterlässt beim Besucher großen Eindruck.

Wie Pfeile ragen die sechs Türme der beiden Kirchen in den Himmel über Erfurt und prägen die Silhouette der Stadt. Die Benediktiner liebten Anhöhen und in Erfurt haben sie gleich zwei Hügel besetzt: den Domberg für Mariendom und Severikirche, und den Petersberg für das Peterskloster, von dem allerdings nur noch Reste zu sehen sind.

Wichtigstes Bauwerk ist zweifelsohne der Dom. 725 ließ Bonifatius eine Kirche auf dem heutigen Domberg errichten. Sie gilt als Vorgängerbau der 1154 begonnenen

Domplatz; Straßenbahn: Linien 3, 4 , 6; Mai – Okt. werktags 9.00 – 17.00, Sa. bis 17.30, So. 13.00 – 17.30 Uhr, Nov. – April Mo. – Sa. 10.00 – 11.30 und 12.30 – 16.00, So. 13.00 – 16.00 Uhr; www.erfurt.de

Der gotische Chor des Mariendoms. Seine Fenster sind herausragende Zeugnisse mittelalterlicher Glasbildkunst.

Die Silhouette der Stadt bestimmen Mariendom (links) und Severikirche auf dem Domberg.

romanischen Basilika. Bei den Bauarbeiten wurden in Vergessenheit geratene Gräber der Heiligen Eoban und Adolar, beide mit dem heiligen Bonifatius eng verbunden, wieder entdeckt. 1349 wurde der Kirchenbau erweitert, der hochgotische Chor kam hinzu. Nochmals gut hundert Jahre später erfolgte der Neubau des Langhauses und 1497 goss Gerhard Wou ein Meisterwerk der Glockenkunst: die Maria Gloriosa, eine der größten und klangvollsten Glocken weltweit. 1697 kam der Barockaltar dazu, der Heilige und Patrone des Thüringer Landes zeigt. Ebenfalls noch zu bewundern sind die farbigen Glasfenster im Chor, die zeigen, wie kunstfertig die Glasmaler im Mittelalter waren. Außerdem beherbergt der Dom eine Fülle weiterer Kunstschätze wie die Stuckmadonna oder die Leuchterfigur des Wolfram, die 1160 entstand und als älteste freistehende Bronzeplastik in Deutschland gilt.

Die direkt benachbarte St.-Severi-Kirche geht vermutlich auf das Jahr 836 zurück, als Reliquien des heiligen Severus, der heiligen Vincentia und der heiligen Innocentia in das Benediktinerinnenkloster am Domberg überführt wurden. 1121 wird St. Severi erstmals urkundlich erwähnt. 1472 erlitt die Kirche einen großen Brandschaden, doch unverzüglich begann man mit der Erneuerung. Das Ergebnis gab der Kirche schließlich ihre heutige Gestalt.

Die meisten der fast 350 000 Übernachtungsgäste, die Erfurt jährlich zählt, erklimmen die Treppen hinauf zum beherrschenden Wahrzeichen der Altstadt: den mit sechs Türmen nicht zu übersehenden beiden Kirchen auf dem Domberg.

Blick vom Domplatz, einem der größten Marktplätze Deutschlands, auf den Mariendom mit seinen 18 m hohen Fenstern.

Tipp

Museumsmühle Sie ist funktionstüchtig und versorgt das Museum mit Energie: die Wassermühle in der Erfurter Altstadt. Unweit des Rathauses liegt sie am Ufer der Gera und zieht vermehrt seit 1992 Schaulustige an, denn seit diesem Jahr ist die letzte der funktionstüchtigen Wassermühlen von Erfurt ein Museum. In der Mahlmühle sind alte Müller-Gerätschaften ausgestellt und seit 1996 wird durch eine Wasserkraftanlage der Eigenenergiebedarf erzeugt sowie überschüssige Leistung ans städtische Stromnetz abgegeben.

Krämerbrücke Erfurt

Genau 33 Häuser geben der Krämerbrücke von Erfurt nicht nur toskanisches Flair, sondern machen das Prachtstück von 1325 auch zur längsten bebauten Brückenstraße Europas. Über sie zu bummeln gehört zur Pflicht in Thüringens Hauptstadt.

In der Stadt der Bratwurst und Brücken muss es schon etwas ganz Auffälliges sein, um aus der Masse herauszuragen: wie die Riesenbratwurst von drei Kilometern Länge, die Thüringer Metzger öffentlich gebraten haben, um ins »Guinessbuch der Rekorde« zu kommen oder eben wie die Krämerbrücke. Sie ist die spektakulärste der 142 städtischen Brücken, denn sie ist bis heute bebaut und bewohnt.

Das interessanteste Profanbauwerk Erfurts wurde zunächst, vermutlich um das 10. Jahrhundert, aus Holz und – nach meh-

Ostrand der Altstadt; Straßenbahn: Linien 3, 4, 6 (Fischmarkt/Rathaus); Haus der Stiftungen: tgl. 10.00 – 18.00 Uhr; www.kraemerbruecke.de

reren Bränden und einem Blitzschlag – 1293 bis 1325 aus Stein errichtet. Die beiden Brückenköpfe an beiden Ufern der Gera nahmen die Kirche St. Ägidien und das Schottenkloster ein. Auf den sechs Brückenbögen standen ursprünglich 62 schmale Häuser, die später in 33 zusammengefasst wurden. Der Name Krämerbrücke kam erst zu Beginn des 16. Jahrhunderts auf, als die Häuser mehr und mehr an Handwerker übergingen. Erfurts zentrale Lage in Europa ließ den Handel blühen: Pferdewagen brachten Gold, Salz oder Gewürze zum Handelsplatz auf der Brücke. Aber bereits 1816 wurde sie für schweren Lastfuhrverkehr gesperrt. 1895 scheiterte der geplante Abbruch nicht nur aus Kostengründen, sondern auch wegen städtebaulicher Überlegungen.

Bis heute ragt die Ägidienkirche am Ostende der Brücke am Wenigemarkt empor, an die sich mehrere Fachwerkgebäude anschmiegen. Nachdem das Gotteshaus 1827 zu einem Wohnhaus umfunktioniert worden war, dient es erst seit 1959 wieder dem ursprünglichen Zweck. Den Passanten, umgeben von Geschäften für Kunsthandwerk und Antiquitäten, fällt gar nicht richtig auf, dass sie auf einer Brücke flanieren, denn vom Fluss sieht man nichts. Im Haus der Stiftungen auf der Brücke kann man sich aber genau über die Krämerbrücke und ihre Baugeschichte informieren. Das Gebäude aus dem Jahr 1578 ist vom Keller bis zum Obergeschoss zugänglich. Kaum einer der knapp 350 000 Übernachtungsgäste, die Erfurt jedes Jahr zählt, lässt es sich entgehen, die ungewöhnlichste Brücke der Stadt zu erkunden.

Durch die Häuserzeile auf der Krämerbrücke fällt der Blick auf die Ägidienkirche an ihrem östlichen Ende.

Nur von außen ist die Brücke als solche zu erkennen – im Bild eine nächtliche Ansicht von der Gerafurt auf das Bauwerk.

Auf der Krämerbrücke lässt sich das Leben genießen ...

Beim Krämerbrückenfest wird das Mittelalter lebendig: Es wimmelt nur so von Gauklern, edlen Rittern und altem Handwerk – und von Besuchern.

Tipp

Krämerbrückenfest Jedes Jahr am dritten Wochenende im Juni findet in Erfurt das größte Altstadtfest Thüringens statt: das Krämerbrückenfest. Der mittelalterliche Markt mit Gauklern, Artisten und Tänzern erinnert an vergangene Zeiten, wie auch das Angebot an überlieferten Technik- und Handwerkskünsten in mittelalterlichem Ambiente. Zudem sind die malerischen Gassen und Plätze der Altstadt zwischen Domplatz, Wenigemarkt und im Umfeld der Krämerbrücke an den Brückenfesttagen von lautstarkem Treiben erfüllt.

Rennsteig Arena Oberhof

Wer von Biathlon spricht, meint immer auch Oberhof. Seit 2002 erfüllt die dortige Rennsteig Arena höchste Ansprüche bei großen nationalen und internationalen Wettkämpfen. Bis zu 20 000 Zuschauer können die zielsicheren Athleten live erleben.

Es gab Zeiten, da hieß eine Sportstätte mit Zuschauerplätzen noch Stadion. Das galt für ein Berliner oder Münchner Olympiastadion ebenso wie für das Biathlonstadion in Oberhof, das 1983 eingeweiht wurde und in der Folgezeit großen Wettkämpfen auch eine große Bühne bot. Die Beigeisterung der Fans und die Atmosphäre im so genannten Kessel am Grenzadler ließen Oberhof zu einem Zentrum des Biathlons und in Fachkreisen weltbekannt werden. Unterstützung erhielt der Boom durch Frank Ulrichs Olympiagold 1980: Biathlon war auf einmal eine publikumsträchtige Sportart.

2 km außerhalb von Oberhof; Bus 428 und 429 vom Bhf. Oberhof; die Arena kann außerhalb der Wettkämpfe jederzeit besucht werden; www.twz-oberhof.de

Meist entscheiden sich Biathlon-Wettkämpfe am Schießstand. In der Rennsteig Arena ist er windgeschützt, sodass hier sehr faire Verhältnisse herrschen.

1998 bekam Oberhof den Zuschlag, die Weltmeisterschaften 2004 auszutragen. Aus diesem Grund errichtete man 2001 und 2002 ein neues Stadion, das den trendigen Namen Rennsteig Arena bekam. Die Fußballer hatten es im Sommer 2001 mit der Eröffnung der Arena auf Schalke, heute Veltins Arena, vorgemacht. Die im Gegensatz zu Gelsenkirchen nicht überdachte Oberhofer Arena bestand mit dem Biathlon-Deutschlandpokal im Dezember 2002 ihre Feuertaufe.

Start und Ziel, Strafrunde und Schießstand befinden sich auf einer Höhe von 814 Metern über dem Meeresspiegel; der Streckenverlauf bewegt sich zwischen 774 und 839 Metern. Es gibt 30 Schießstände mit einem Abstand der Schützen von 50 Metern zu den Schießscheiben; die Schießanlage selbst ist 55 bis 160 Meter von den Zuschauern entfernt. Was für Biathleten besonders wichtig ist: Das im Wald liegende Stadion ist windgeschützt. Die Strafrunde ist 150 Meter lang und mobile Videowände und Ergebnistafeln mit elektronischer Anzeige informieren die Zuschauer, von denen 9000 direkt in der Rennsteig Arena Platz finden.

Erwarten können die Besucher bei den Wettkämpfen im Winter durchschnittlich minus ein Grad Celsius und 35 Zentimeter Schnee. Auch für den Fall, dass Frau Holle mal keine Betten schüttelt, ist vorgesorgt: Alle Strecken können künstlich beschneit werden. An die 150 000 Zuschauer begeistern sich jährlich in der Rennsteig Arena für die Wettkämpfe. Wenn keine offiziellen Sportwettkämpfe angesetzt sind, dürfen auch private Gruppen ihren Biathlonmeister ermitteln.

Tipp

»Über allen Wipfeln

... ist Ruh«, dichtete Johann Wolfgang von Goethe keine 15 km Luftlinie von der heutigen Rennsteig Arena entfernt. Er schrieb sein »Wanderers Nachtlied« an die Wand der Hütte auf dem 861 m hohen Kickelhahn, der noch heute, auch dank seines 24 m hohen Aussichtsturms, ein sehr beliebter Ausflugspunkt im Thüringer Wald ist. Von Ilmenau kann man auf dem Goethewanderweg hinaufwandern (ca. 10 km; www.ilmenau.de).

Um den Biathlon-Nachwuchs kümmert sich in Oberhof der mehrfache Weltmeister Frank Luck – im Sommer auch per Mountainbike.

Anna-Amalia-Bibliothek Weimar

2. September 2004: Ein Brand im Grünen Schloss verwüstet Buchbestände, Gemälde und den Rokokosaal der Anna-Amalia-Bibliothek in Weimar. Trotzdem ist sie mit 900 000 Bänden immer noch eine Schatzkammer der besonderen Art.

Vermutlich war es eine defekte Elektrokabelverbindung, die das verheerende Feuer in der Anna-Amalia-Bibliothek ausgelöst hat. Auf jeden Fall war es ein Schock und der größte Bibliotheksbrand in Deutschland nach dem Zweiten Weltkrieg. Der Feuersturm zerstörte 50 000 historische Bücher, 62 000 Werke haben starke Brand- oder Löschwasserschäden, 35 Ölgemälde sind irreparabel beschädigt. Auch der bis dahin als einziger Bereich der Öffentlichkeit zugängliche Rokokosaal wurde verwüstet. Als erstes Objekt restaurierte man die Totenmaske Schillers. 75 Prozent der

Grünes Schloss; bis zur Wiedereröffnung im Herbst 2007 kann man sich an der Informationsstelle vor dem Gebäude informieren: Di.– So. 11.00 – 13.00 und 15.00 – 17.00 Uhr; www.anna-amalia-bibliothek.de

Namensgeberin Herzogin Anna Amalia veranlasste 1766 den Umzug der herzöglichen Bibliothek ins Grüne Schloss aus dem 16. Jahrhundert.

Ihren Namen erhielt die 1691 gegründete Bibliothek erst 1991 anlässlich des 300-jährigen Bestehens. Herzogin Anna Amalia hatte die Einrichtung maßgeblich gefördert. Bei Goethes Tod, der bis 1819 die Aufsicht führte, besaß die Bibliothek etwa 130 000 Bände und gehörte damit zu den größten in Deutschland.

Trotz der Verluste durch den Brand ist die Bibliothek mit ihren immer noch mehr als 900 000 Büchern eine Schatzkammer besonderer Art, für die sich zuletzt knapp 100 000 Menschen pro Jahr interessierten. Zu den Kostbarkeiten gehören 2000 Buchhandschriften, darunter ein karolingisches Evangeliar aus dem 9. Jahrhundert. Hervorzuheben sind auch die geschlossen aufgestellten Bibliotheken Liszts, Nietzsches und der Familie von Arnim sowie umfangreiche Sammlungen von Flugschriften aus der Reformationszeit, Stammbüchern, Almanachen, Bibeln, Landkarten und Globen sowie die Faust-Sammlung und Shakespeare-Bibliothek.

beschädigten Bücher sind inzwischen aus der Gefriertrocknung nach Weimar zurückgekehrt: trocken, aber ansonsten noch in dem Zustand, wie sie geborgen wurden.

Für die Kunstwerke kommt eine Versicherung auf. Für den Wiederaufbau der Buchbestände, inklusive Restaurierung, sind an öffentlichen Mitteln und privaten Spenden bisher stolze 17 Millionen Euro eingegangen. Das ist allerdings lediglich ein Viertel der nötigen Summe von 67 Millionen. Insgesamt haben 20 000 Personen und Institutionen gespendet.

Tipp

Spenden für Anna Amalia Spenden für die Wiederbeschaffung von Büchern sind nach wie vor dringend nötig und sehr willkommen:
Klassik Stiftung Weimar,
Deutsche Bank AG Erfurt,
Kto: 289 002 808,
BLZ: 820 700 00

Mit seinen Büchergalerien und Kunstwerken zählte der Rokokosaal bis zur Brandkatastrophe 2004 zu den schönsten Bibliotheksräumen in Mitteleuropa. Derzeit wird restauriert – im Oktober 2007 sollen die Arbeiten beendet sein.

- Ägypten
- Algarve
- Amsterdam
- Andalusien
- Athen
- Australien
- Bali
- Baltikum
- Barcelona
- Belgien
- Berlin
- Bodensee
- Brasilien
- Bretagne
- Brüssel
- Budapest
- Bulgarien
- Burgund
- Chicago • Große Seen
- China
- Costa Blanca
- Costa Brava
- Dänemark
- Deutsche Nordseeküste
- Deutschland
- Djerba • Südtunesien
- Dominikanische Republik
- Dresden
- Elba
- Elsass • Vogesen
- Finnland
- Florenz
- Florida
- Franken
- Frankfurt am Main
- Frankreich
- Fuerteventura
- Gardasee
- Gomera
- Gran Canaria
- Griechenland
- Griechische Inseln
- Großbritannien
- Hamburg
- Harz
- Hongkong
- Indien
- Irland
- Island
- Istanbul
- Istrien • Kvarner Bucht
- Italien
- Italien • Norden
- Italien • Süden
- Italienische Adria
- ItalienischeRiviera
- Japan
- Jordanien
- Kalifornien
- Kanada • Osten
- Kanada • Westen
- Kanalinseln
- Kenia
- Köln
- Kopenhagen
- Korfu • Ionische Inseln
- Korsika
- Kos
- Kreta
- Kroatische Adriaküste • Dalmatien
- Kuba
- La Palma
- Lanzarote
- Lissabon
- Loire
- Lombardei • Mailand • Oberitalienische Seen
- London
- Madeira
- Madrid
- Malaysia
- Malediven
- Mallorca
- Malta • Gozo • Comino
- Marokko
- Mecklenburg-Vorpommern
- Menorca
- Mexiko
- Moskau
- München
- Namibia
- Nepal
- Neuseeland
- New York
- Niederlande
- Norwegen
- Oberbayern
- Österreich
- Paris
- Peking
- Piemont
- Polen
- Portugal
- Prag
- Provence • Côte d'Azur
- Rhodos
- Rom
- Rügen • Hiddensee
- Sachsen
- Salzburger Land
- St. Petersburg
- Sardinien
- Schottland
- Schwäbische Alb
- Schwarzwald
- Schweden
- Schweiz
- Sizilien
- Skandinavien
- Slowenien
- Spanien
- Sri Lanka
- Stuttgart
- Südafrika
- Südengland
- Südtirol • Dolomiten
- Sylt
- Syrien
- Teneriffa
- Tessin
- Thailand
- Toskana
- Tschechien
- Tunesien
- Türkei
- Türkische Mittelmeerküste
- Umbrien
- Ungarn
- Usedom
- USA
- USA • Nordosten
- USA • Südstaaten
- USA • Südwesten
- Venedig
- Vietnam
- Washington DC • Capital Region
- Weimar
- Wien
- Zypern

Bildnachweis

Titel: Reichstagskuppel: look/Heinz Wohner, Neuschwanstein: mauritius images/Hans-Peter Merten, Rügen: HB Verlag/Martin Kirchner, Sylt: mauritius images/Günter Rossenbach, Hamburg: HB Verlag/Mike Schröder, Watzmann: mauritius images/Ludwig Mallaun; 001-006, Reichstagskuppel: look/Heinz Wohner; 003 HB-Verlag/Ralf Freyer, HB-Verlag/Kay Maeritz, Stiftung Preussische Schlösser und Gärten Berlin-Brandenburg/Wolfgang Pfander, HB-Verlag/Mike Schröder; 004 HB-Verlag/Sabine Lubenow, HB-Verlag/Martin Kirchner, HB-Verlag/Michael Marczok, Zeche Zollverein Essen; 005 HB-Verlag/Jörg Axel Fischer, HB-Verlag/Martin Kirchner, HB-Verlag/Karl Johaentges, HB-Verlag/Katja Kreder; 006/007 HB-Verlag: Rainer Kiedrowski l., Kai-Ulrich-Müller; 008/009 HB-Verlag/Ralf Freyer; 010/011 HB-Verlag: Ralf Freyer, Rainer Fieselmann r. o.; 012/013 H.-P.Prögel l., Ulrike Klumpp r. o., Andrea Würzburger r. u.; 014/015 HB-Verlag/ Jo Holzoben, Landesmedienzentrum l.o.; 016/017 HB-Verlag/ Ralf Freyer; 018/019 HB-Verlag/ Rainer Kiedrowski; 020/021 HB-Verlag/Jo Holz; 022/023 HB-Verlag/Ralf Freyer, Stadtverwaltung Maulbronn l. u.; 024/025 HB-Verlag/Rainer Kiedrowski; 026/027 picture alliance; Wilhelma Stuttgart u.; 028/029 Ulm Touristik; 030/031 HB-Verlag/Gebhard Krewitt; 032/033 HB-Verlag/Kay Maeritz; 034/035 HB-Verlag/Markus Hilbich; 036/037 Deutsches Museum: 038/039 HB-Verlag/Urs Kluyver; 040/041 IFA-Bilderteam/l. o., Laif/Adenis; 042/043 Laif/Adenis, Look/Rainer Martin r. o.; 044/045 HB-Verlag/Gebhard Krewitt l. o., Markus Heimbach; 046/047 Congress- und Tourismuszentrale Nürnberg; 048/049 HB-Verlag/Markus Hilbich; 050/051 Stadt Regensburg, Peter Ferstel 052/053 HB-Verlag/Peter Söllner, Rothenburg Tourismus Service r.o.; 054/055 HB-Verlag/Wilkin Spitta o., Bildagentur Huber/R. Schmid; 056/057 HB-Verlag/Johann Scheibner; 058/059 HB-Verlag/ Gebhard Krewitt; 060/061 HB-Verlag/Martin Specht; berlin-tourist-information/Herbert Schlemmer; 062/063 Bildagentur Huber/Gräfenhain l.o., berlin-tourist-information/Herbert Schlemmer; 064/065 Laif/Boenig o., berlin-tourist-information; 066/067 HB-Verlag/Jörg Axel Fischer; 068/069 HB-Verlag/Jörg Axel Fischer, Stiftung Preussische Schlösser und Gärten Berlin-Brandenburg/Wolfgang Pfander r.o; 070/071 HB-Verlag/Jörg Axel Fischer; 072/073 HB-Verlag/ Michael Marczok; 074/075 HB-Verlag/Michael Marczok; 076/077 HB-Verlag/Michael Marczok l. o., Laif/Multhaupt r.o., Andreas T. Graf; 078/079 HB-Verlag/Mike Schröder; 080/081 HB-Verlag/Mike Schröder; 082/083 HB-Verlag/Mike Schröder, Look/l. o.; 084/085 HB-Verlag/Sabine Lubenow; 086/087 HB-Verlag/Jo Holz; 088/089 HB-Verlag/Sabine Lubenow; 090/091 Bildagentur Huber :Gräfenhain l.o. ; Laif/Emmler r. o., Kassel Tourist GmbH; 092/093 HB-Verlag/Jörg Axel, Fischer l. , Sabine Lubenow; 094/095 HB-Verlag/Jo Holz; 096/097 HB-Verlag/Holger Leue; 098/099 HB-Verlag/Sabine Lubenow; 100/101 HB-Verlag/Martin Kirchner l. o., Igor Heinzel; 102/103 HB-Verlag/Martin Kirchner; 104/105 HB-Verlag/Martin Kirchner o., Sabine Lubenow u.; 106/107 HB-Verlag/Martin Kirchner; 108/109 HB-Verlag/ Martin Kirchner; 110/111 HB-Verlag/Martin Kirchner; 112/113 HB-Verlag/Mike Schröder l., Michael Marczok; 114/115 HB-Verlag/Marc-Oliver Schulz; 116/117 Hannover Tourismus Service; 118/119 HB-Verlag/Marc-Oliver Schulz; 120/121 HB Verlag/R.Kiedrowski, J.Wiese; 122/123 HB-Verlag/Michael Marczok; 124/125 HB-Verlag/Jörg Axel Fischer l., Ralph Lueger; 126/127 HB-Verlag/Peter Hirth, (transit); 128/129 Bildagentur Huber/Kläs o., HB-Verlag/Christiane Böttcher/Thomas Tiensch u.; 130/131 Laif/H.&D. Zielske o., Kreis Lippe/LTM AG; 132/133 Bildagentur Huber/Kornblum o., IFA-Bilderteam; 135/135 picture-alliance, Okapia/u., Presse- und Kommunikationsamt Stadt Duisburg/Uwe Köppen ; 136/137 Bildagentur Huber/Schmid; Düsseldorf Marketing Tourismus Ulrich Otte l. o.; 138/139 Zeche Zollverein, Essen; 140/141 Veltins-Arena, Gelsenkirchen; 142/143 HB-Verlag/Jörg Axel Fischer; 144/145 HB-Verlag/Jörg Axel Fischer; 146/147 MST GmbH; Udo Haafke r. o.; 148/149 HB-Verlag/Jörg Axel Fischer; Bilderberg/Joern Sackermann r. o.; 150/151 picture-alliance/l. o., Laif/Kost r. o. , Kreuels u.; 152/153 picture alliance, Bildagentur Huber/o., HB-Verlag/ Christiane Böttcher/Thomas Tiensch r. ; 154/155 HB-Verlag/Christiane Böttcher/Thomas Tiensch ; 156/157 Bildagentur Huber/Schmid l., Laif/Bermes; 158/159 picture alliance, dpa; 160/161 Rainer Hackenberg; 162/163 HB-Verlag/Jürgen Wackenhut r. o., WA am Rathausplatz, Landem; 164/165 HB-Verlag/Rainer Hackenberg o., Koblenz-Touristik u.; 166/167 HB-Verlag/Jörg Axel Fischer; 168/169 HB-Verlag/Jürgen Wackenhut; 170/171 HB-Verlag/Peter Hirth, (transit); 172/173 Nürburgring GmbH; 174/175 HB-Verlag/ Jürgen Wackenhut u., Renate J. Deckers-Matzko/Domkapitel Speyer; 176/177 HB-Verlag/Rainer Hackenberg o., Tourist-Information Trier Stadt und Land e.V.; 178/179 Touristinfo Worms; 180/181 HB-Verlag, ifa/Jochem; 182/183 Landeshauptstadt Saarbrücken; 184/185 Look GmbH/Engel & Gielen; 186/187 HB-Verlag/Thomas Härtrich (transit); 188/189 Bildagentur Huber/Krammisch o., Stiftung »Fürst-Pückler-Park Bad Muskau«/Dietmar Damzog; 190/191 Frauenkirche Dresden;192/193 HB-Verlag/Martin Kirchner; 194/195 HB-Verlag/Martin Kirchner; 196/197 HB-Verlag/ Martin Kirchner; 198/199 Tourismusverband Vogtland e.V./Engelmann (1, 3) bzw. Bichler (2); 200/201 HB-Verlag/ Thomas Härtrich (transit) l. o. ; Stadtverwaltung Görlitz; 202/203 HB-Verlag, Marc-Oliver Schulz o. , Thomas Härtrich (transit); 204/205 HB-Verlag/Sabine Lubenow; 206/207 HB-Verlag/Sabine Lubenow; 208/209 HB-Verlag/Karl Johaentges; 210/211 HB-Verlag/Sabine Lubenow r.o., Constantin Beyer; 212/213 HB-Verlag/Karl-Heinz Raach;214/215 HB-Verlag/Michael Marczok, Karl-Heinz Raach r. o.; 216/217 HB-Verlag/Karl-Heinz Raach; 218/219 HB-Verlag/Katja Kreder; 220/221 Bildagentur Huber:Gräfenhain o., Lübeck-Travemünde Tourismus; 222/223 HB-Verlag/Karl -Heinz Raach o., Hartmut Schwarzbach; 224/225 HB-Verlag/Katja Kreder; 226/227 HB-Verlag/Sabine Lubenow; 228/229 HB-Verlag/ Sabine Lubenow; 230/231 Laif/Selbach l. o., Bildagentur Huber/Szyszka; 232/233 HB-Verlag/Sabine Lubenow, Stiftung Krämerbrücke Erfurt r.o.; 234/235 picture-alliance/o., Tourismus GmbH Oberhof; 236/237 Klassik Stiftung Weimar